U0796096

中华人民共和国禁毒法

注释本

法律出版社法规中心　编

法律出版社
LAW PRESS CHINA
·北　京·

图书在版编目（CIP）数据

中华人民共和国禁毒法注释本 / 法律出版社法规中心编. -- 4 版. -- 北京 : 法律出版社, 2025. -- (法律单行本注释本系列). -- ISBN 978-7-5197-9571-9

Ⅰ. D922.145

中国国家版本馆 CIP 数据核字第 20244YG279 号

中华人民共和国禁毒法注释本
ZHONGHUA RENMIN GONGHEGUO JINDUFA ZHUSHIBEN

法律出版社法规中心 编

责任编辑 赵雪慧
装帧设计 李 瞻

出版发行 法律出版社
编辑统筹 法规出版分社
责任校对 张红蕊
责任印制 耿润瑜
经　　销 新华书店

开本 850 毫米×1168 毫米 1/32
印张 7.25　**字数** 193 千
版本 2025 年 1 月第 4 版
印次 2025 年 1 月第 1 次印刷
印刷 北京盛通印刷股份有限公司

地址:北京市丰台区莲花池西里 7 号(100073)
网址:www.lawpress.com.cn
投稿邮箱:info@lawpress.com.cn
举报盗版邮箱:jbwq@lawpress.com.cn
销售电话:010-83938349
客服电话:010-83938350
咨询电话:010-63939796
版权所有·侵权必究
书号:ISBN 978-7-5197-9571-9　**定价**:22.00 元

凡购买本社图书,如有印装错误,我社负责退换。电话:010-83938349

编辑出版说明

现代社会是法治社会，社会发展离不开法治护航，百姓福祉少不了法律保障。遇到问题依法解决，已经成为人们处理矛盾、解决纠纷的不二之选。然而，面对纷繁复杂的法律问题，如何精准、高效地找到法律依据，如何完整、准确地理解和运用法律，日益成为人们"学法、用法"的关键所在。

为了帮助读者快速准确地掌握"学法、用法"的本领，我社开创性地推出了"法律单行本注释本系列"丛书，至今已十余年。本丛书历经多次修订完善，现已出版近百个品种，涵盖了社会生活的重要领域，已经成为广大读者学习法律、应用法律之必选图书。

本丛书具有以下特点：

1. 出版机构权威。成立于1954年的法律出版社，是全国首家法律专业出版机构，始终秉承"为人民传播法律"的宗旨，完整记录了中国法治建设发展的全过程，享有"社会科学类全国一级出版社"等荣誉称号，入选"全国百佳图书出版单位"。

2. 编写人员专业。本丛书皆由相关法律领域内的专业人士编写，确保图书内容始终紧跟法治进程，反映最新立法动态，体现条文本义内涵。

3. 法律文本标准。作为专业的法律出版机构，多年来，我社始终使用全国人民代表大会常务委员会公报刊登的法律文本，积淀了丰富的标准法律文本资源，并根据立法进度及时更新相关内容。

4. 条文注解精准。本丛书以立法机关的解读为蓝本，给每个条文提炼出条文主旨，并对重点条文进行注释，使读者能精准掌握立法意图，轻松理解条文内容。

5. 配套附录实用。书末“附录”部分收录重要的相关法律、法规、司法解释和典型案例，使读者在使用中更为便捷，使全书更为实用。

需要说明的是，本丛书中“适用提要”“条文主旨”“条文注释”等内容皆是编者为方便读者阅读、理解而编写，不同于国家正式通过、颁布的法律文本，不具有法律效力。本丛书不足之处，恳请读者批评指正。

我们用心打磨本丛书，以期为法律相关专业的学生释法解疑，致力于为每个公民的合法权益撑起法律的保护伞。

法律出版社法规中心

2024年12月

目　录

《中华人民共和国禁毒法》适用提要 …………………… 1

中华人民共和国禁毒法

第一章　总则……………………………………………… 5
第一条　立法目的…………………………………… 5
第二条　毒品定义…………………………………… 6
第三条　禁毒的社会责任…………………………… 7
第四条　禁毒工作方针和工作机制………………… 7
第五条　禁毒委员会………………………………… 8
第六条　禁毒工作保障……………………………… 9
第七条　鼓励禁毒社会捐赠………………………… 9
第八条　鼓励禁毒科学技术研究…………………… 10
第九条　鼓励举报毒品违法犯罪…………………… 11
第十条　鼓励禁毒志愿工作………………………… 11
第二章　禁毒宣传教育…………………………………… 12
第十一条　国家禁毒宣传教育……………………… 12
第十二条　各级人民政府和有关组织禁毒宣传教育…… 12
第十三条　教育部门禁毒宣传教育………………… 12
第十四条　新闻媒体禁毒宣传教育………………… 13
第十五条　公共场所禁毒宣传教育………………… 13
第十六条　单位内部禁毒宣传教育………………… 14

第十七条　基层组织禁毒宣传教育…………………… 14
第十八条　监护人对未成年人的毒品危害教育……… 14
第三章　毒品管制……………………………………………… 15
第十九条　麻醉药品药用原植物种植管制……………… 15
第二十条　麻醉药品提取、储存场所的警戒　……………… 16
第二十一条　麻醉药品、精神药品、易制毒化学品管制…………………………………… 17
第二十二条　麻醉药品、精神药品、易制毒化学品进出口管理……………………………… 19
第二十三条　麻醉药品、精神药品、易制毒化学品流失的应急处置……………………… 20
第二十四条　禁止非法传授麻醉药品、精神药品、易制毒化学品的制造方法………………… 22
第二十五条　授权国务院制定管理办法………………… 22
第二十六条　有关场所的毒品检查……………………… 23
第二十七条　娱乐场所巡查和报告毒品违法犯罪……… 24
第二十八条　查获毒品和涉毒财物的收缴与处理……… 24
第二十九条　可疑毒品犯罪资金监测…………………… 25
第三十条　毒品监测和禁毒信息系统…………………… 26
第四章　戒毒措施……………………………………………… 26
第三十一条　对吸毒成瘾人员采取治疗、教育、挽救措施……………………………………… 26
第三十二条　对吸毒人员的检测和登记………………… 27
第三十三条　社区戒毒…………………………………… 28
第三十四条　负责社区戒毒的机构……………………… 29
第三十五条　社区戒毒人员的义务……………………… 30
第三十六条　戒毒医疗机构……………………………… 31
第三十七条　戒毒医疗机构有关职责…………………… 32

第三十八条　强制隔离戒毒适用条件…………………… 33
第三十九条　不适用强制隔离戒毒的情形………… 34
第四十条　强制隔离戒毒的决定程序和
救济措施………………………………………… 35
第四十一条　强制隔离戒毒场所……………………… 36
第四十二条　戒毒人员入所查检……………………… 36
第四十三条　强制隔离戒毒场所的职能…………… 36
第四十四条　强制隔离戒毒场所的管理…………… 37
第四十五条　强制隔离戒毒场所配备执业医师……… 38
第四十六条　探访、探视和物品检查 ………………… 39
第四十七条　强制隔离戒毒期限……………………… 40
第四十八条　社区康复………………………………… 41
第四十九条　戒毒康复场所…………………………… 41
第五十条　被限制人身自由人员的戒毒治疗………… 42
第五十一条　药物维持治疗…………………………… 42
第五十二条　戒毒人员不受歧视……………………… 43
第五章　禁毒国际合作………………………………… 44
第五十三条　禁毒国际合作的原则…………………… 44
第五十四条　国家禁毒委员会的国际合作职责……… 45
第五十五条　毒品犯罪的司法协助…………………… 45
第五十六条　执法合作………………………………… 45
第五十七条　涉案财物分享…………………………… 46
第五十八条　对外援助………………………………… 46
第六章　法律责任……………………………………… 47
第五十九条　毒品违法犯罪行为的法律责任………… 47
第六十条　妨害毒品查禁工作的法律责任…………… 49
第六十一条　容留他人吸毒、介绍买卖毒品的
法律责任…………………………………………… 49

第六十二条 吸毒的法律责任…………………………… 50
第六十三条 违反麻醉药品、精神药品以及麻醉药品药用原植物种植管制规定行为的法律责任 …………………………………… 51
第六十四条 违反易制毒化学品管制的法律责任……… 52
第六十五条 娱乐场所涉毒违法犯罪行为的法律责任 ………………………… 53
第六十六条 非法从事戒毒治疗业务的法律责任 …… 54
第六十七条 戒毒医疗机构发现吸毒不报告的法律责任 ………………………… 54
第六十八条 违反麻醉药品、精神药品使用规定的法律责任 …………………… 54
第六十九条 禁毒工作人员违法犯罪行为的法律责任 ………………………… 55
第七十条 歧视戒毒人员的法律责任 ……………… 56
第七章 附则 ………………………………………… 56
第七十一条 施行日期…………………………………… 56

附 录

一、行政管理

中华人民共和国治安管理处罚法(节录)(2012.10.26 修正) …………………………………………………… 58
戒毒条例(2018.9.18 修订) ………………………………… 60
易制毒化学品管理条例(2018.9.18 修订) ……………… 69
麻醉药品和精神药品管理条例(2024.12.6 修订) ………… 83
娱乐场所管理条例(节录)(2020.11.29 修订) ………… 104
吸毒成瘾认定办法(2016.12.29 修订) ………………… 107
吸毒检测程序规定(2016.12.16 修订) ………………… 111

公安部关于执行《中华人民共和国禁毒法》有关问题的批复(2008.12.23) …… 114
二、毒品犯罪刑事处罚
中华人民共和国刑法(节录)(2023.12.29 修正) …… 115
最高人民法院关于审理毒品犯罪案件适用法律若干问题的解释(2016.4.6) …… 120
最高人民法院、最高人民检察院、公安部办理毒品犯罪案件适用法律若干问题的意见(2007.12.18) …… 128
最高人民法院、最高人民检察院、公安部关于办理制毒物品犯罪案件适用法律若干问题的意见(2009.6.23) …… 131
三、典型案例
涉"毒"必严、涉"瘾"必惩、涉"未"必重！最高法发布 10 件典型案例(2024.6.25) …… 135
依法严惩毒品犯罪和涉毒次生犯罪典型案例(2023.6.26) …… 151
最高人民法院发布 2022 年十大毒品(涉毒)犯罪典型案例(2022.6.25) …… 170
2021 年十大毒品(涉毒)犯罪典型案例(2021.6.25) …… 189
最高人民法院发布 2020 年十大毒品(涉毒)犯罪典型案例(2020.6.23) …… 205

《中华人民共和国禁毒法》适用提要

2007 年 12 月 29 日，第十届全国人大常委会第三十一次会议通过了《禁毒法》[①]，这是一部全面综合规范禁毒工作的重要法律。《禁毒法》的通过，对于预防和惩治毒品违法犯罪行为，保护公民身心健康，维护社会秩序，具有重要意义。

（一）《禁毒法》的指导原则

制定本法主要遵循了以下三个原则：

一是“专群结合”。禁毒工作涉及面广，社会性强，是一项系统工程，既需要公安机关等专门机关加强执法，严厉打击毒品违法犯罪活动，更需要紧紧依靠广大人民群众，依靠全社会的广泛参与。

二是预防与惩治相结合。毒品易沾难戒，加强预防工作十分必要，既要动员全社会加强对毒品危害性的宣传教育，严格落实防范措施，特别是要预防青少年沾染毒品，又要加大对毒品违法犯罪行为的惩治力度。

三是教育与救治相结合。吸毒人员既是违法者，又是病人和受害者，对吸毒人员要惩罚，更要教育和救治。这就需要大力推进社会帮教戒毒与强制戒毒相结合的戒毒模式，引导吸毒人员在社

① 为方便读者阅读，本书中的法律法规名称均使用简称。

会生活状态下戒毒,巩固戒毒成果。

(二)主要内容

本法共七章七十一条,主要规定了禁毒工作方针和工作机制、禁毒宣传教育、毒品管制、戒毒措施、禁毒国际合作以及法律责任等。

1. 关于禁毒工作方针和工作机制。根据党中央、国务院关于“通过立法明确把禁毒纳入国民经济和社会发展的总体规划,确定禁毒领导体制、工作机制、保障机制”的要求,本法规定:禁毒是全社会的共同责任,禁毒工作实行预防为主,综合治理,禁种、禁制、禁贩、禁吸并举的方针。实行政府统一领导,禁毒委员会组织、协调、指导,有关部门各负其责,社会广泛参与的工作机制。并将禁毒工作纳入国民经济和社会发展规划,禁毒经费列入财政预算予以保障。

2. 关于禁毒宣传教育工作。为了增强全社会的禁毒意识,预防毒品违法犯罪行为发生,本法对毒品预防和禁毒宣传教育作了详细的规定:一是规定国家采取各种形式开展全民禁毒宣传教育,普及毒品预防知识,各级人民政府应当经常组织开展多种形式的禁毒宣传教育。二是规定教育行政部门、学校、新闻、出版、文化、广播、电影、电视等有关单位,应当按照各自的职责,加强禁毒宣传教育。三是规定飞机场、火车站、旅店、娱乐场所等公共场所的经营者、管理者负责本场所的禁毒宣传教育,落实禁毒防范措施。四是规定机关、团体、企事业单位和其他组织应当在本单位、本系统开展禁毒宣传教育。五是规定城乡基层群众性自治组织应当加强禁毒宣传教育和落实禁毒防范措施。六是父母或者其他监护人应当对未成年人进行毒品危害的教育。

3. 关于毒品管制。为了有效遏制毒品来源和吸食毒品,本法专门就毒品管制作了规定:一是规定对麻醉药品、精神药品、易制毒化学品以及毒品原植物严格管制。二是规定国家对麻醉药品和精神药品、易制毒化学品的生产、经营、购买、运输、进口、出口等实行许可制度，禁止非法生产、买卖、运输、储存、提供、持有、使用麻醉药品、精神药品和易制毒化学品。三是规定公安机关可以在边境地区、交通要道等场所进行毒品和易制毒化学品检查。四是规定娱乐场所应当建立巡查制度。五是规定对涉毒财物，公安机关应依法收缴。六是对禁毒反洗钱工作作了原则规定。

4. 关于戒除毒瘾的基本措施。本法规定了戒毒工作的基本方针，确立了自愿戒毒、社区戒毒、强制隔离戒毒三种形式并行的戒毒模式。一是规定国家将采取各种措施帮助吸毒人员戒除毒瘾，教育和挽救吸毒人员作为戒毒工作的基本方针。二是规定公安机关有权进行检测以确认吸毒人员。三是规定了社区戒毒的适用条件、执行主体、基本内容、期限等。四是规定了强制隔离戒毒的适用条件、决定程序、基本内容、期限、对公安机关作出的强制隔离戒毒决定不服的救济途径以及强制隔离戒毒场所的戒毒管理制度如"临时保护性约束措施"等。五是规定了自愿戒毒的处理。六是规定了社区康复作为强制戒毒的后续帮教措施。七是对戒毒药物维持治疗作了原则规范。八是规定戒毒人员在入学、就业、享受社会保障等方面不受歧视，有关部门应当为戒毒人员的入学和就业给予指导和帮助。

5. 关于禁毒国际合作。为了加强禁毒国际合作，本法对禁毒国际合作的原则、内容和工作机制，禁毒情报信息交流，涉毒财物分享，替代发展等问题作了规定。

6. 关于违反禁毒法律规范的法律责任。规定了一般主体涉及毒品违法犯罪行为的法律责任以及特殊主体违反操作规范和禁毒法律规范的法律责任。

（三）本法与其他禁毒法律法规的关系

1990 年全国人大常委会制定通过了《关于禁毒的决定》（本法施行时，该决定废止），该决定的主要内容是对各类毒品违法犯罪行为规定了处罚措施。1995 年国务院发布的《强制戒毒办法》(2011 年《戒毒条例》公布后,该办法废止)、2000 年公安部制定的《强制戒毒所管理办法》(2011 年已废止)主要规定了强制戒毒制度。2003 年司法部制定的《劳动教养戒毒工作规定》(2013 年已废止)主要规定了劳动教养戒毒制度。2005 年国务院制定的《麻醉药品和精神药品管理条例》(2024 年修订)、《易制毒化学品管理条例》(2018 年修订)以及 2006 年公安部制定的《易制毒化学品购销和运输管理办法》分别规定了国家对麻醉药品、精神药品、易制毒化学品的生产、经营、运输、储存、购买、使用、原植物种植等方面的管制制度。《刑法》和《治安管理处罚法》规定了毒品违法犯罪行为的法律责任。本法对上述法律法规进行了整合,从禁毒工作的方针和工作机制、禁毒宣传教育、毒品管制、戒毒措施(社区戒毒、强制隔离戒毒、自愿戒毒)、禁毒国际合作以及法律责任六个方面进行规定,使禁毒法律规范更加系统化。对上述法律法规中的有关制度予以完善,并增加了许多新的规定。其中重点是戒毒宣传教育和戒毒措施(将强制戒毒和劳动教养戒毒两种强制戒毒措施统一为强制隔离戒毒),并增加了社区戒毒和自愿戒毒的规定,戒毒体制更加有区分度和灵活性。例如,上述各项法律法规中规定了各类禁毒主体,但没有规定一个统一的禁毒指导或协调机构,本法则规定设立禁毒工作的组织协调机构禁毒委员会。

中华人民共和国禁毒法

（2007年12月29日第十届全国人民代表大会常务委员会第三十一次会议通过　2007年12月29日中华人民共和国主席令第79号公布　自2008年6月1日起施行）

第一章　总　　则

第一条　【立法目的】[1]为了预防和惩治毒品违法犯罪行为，保护公民身心健康，维护社会秩序，制定本法。

条文注释[2]

预防和惩治毒品违法犯罪行为是禁毒立法的直接目的，保护公民身心健康、维护社会秩序则是禁毒立法的根本目的。有效预防和惩治毒品违法犯罪行为，又是达到保护公民身心健康、维护社会秩序这两个立法目的的前提条件和手段。

毒品的严重危害性决定了禁毒必须以预防为主，同时依法严惩毒品犯罪活动。禁毒立法通过对禁毒工作的原则、各个社会主体的责任、毒品的管制、戒毒措施、国际合作、法律责任等方面的规定，使禁毒法律制度系统化，有助于协调各方，形成预防和惩治毒品违法犯罪行为的合力。

吸毒直接损害吸食者的身心健康，甚至会导致其死亡。吸

---

①② 条文主旨、条文注释为编者所加，下同。

毒对家庭和社会也有极大的危害。吸毒成瘾者为了获得毒品、毒资，往往不顾一切，极易从事违法犯罪活动，吸毒还会导致各类传染病蔓延。因此，禁毒的根本目的就在于保护公民身心健康、维护社会秩序。

第二条 【毒品定义】本法所称毒品，是指鸦片、海洛因、甲基苯丙胺（冰毒）、吗啡、大麻、可卡因，以及国家规定管制的其他能够使人形成瘾癖的麻醉药品和精神药品。

根据医疗、教学、科研的需要，依法可以生产、经营、使用、储存、运输麻醉药品和精神药品。

条文注释

本条第1款规定了毒品的定义。毒品是一种对人体有毒害性的并能使人对其产生依赖性因而被国家列入管制范围的物质。"国家规定管制的其他能够使人形成瘾癖的麻醉药品和精神药品"，是指与列举出来的几类毒品危害性相当的麻醉药品和精神药品。世界各国通常采用不定期公布被管制药品清单的方法来确认麻醉药品和精神药品的范围。根据《麻醉药品和精神药品管理条例》的规定，我国对麻醉药品和精神药品实行目录管理，麻醉药品和精神药品的目录，由国务院药品监督管理部门会同国务院公安部门、国务院卫生主管部门制定、调整并公布。

在医疗、教学、科学研究中可以生产、经营、使用、储存、运输麻醉药品和精神药品，但要严格依法进行，《麻醉药品和精神药品管理条例》对麻醉药品和精神药品从原植物的种植、实验研究和生产、经营、使用、储存、运输等各个环节及审批程序和监督管理等方面作了严格规定。

关联法规

《刑法》第357条

《麻醉药品和精神药品管理条例》第3条

《麻醉药品和精神药品品种目录》

《非药用类麻醉药品和精神药品列管办法》

第三条　【禁毒的社会责任】禁毒是全社会的共同责任。国家机关、社会团体、企业事业单位以及其他组织和公民，应当依照本法和有关法律的规定，履行禁毒职责或者义务。

条文注释

本条是关于禁毒社会责任的规定。毒品危害全社会的共同利益，因此禁毒是全社会的共同责任。做好禁毒工作，涉及社会管理的各个方面，除了负有禁毒专门职责的国家机关要切实履行自己的职责外，其他各个国家机关也要正确处理好自己的日常工作与所分担的禁毒工作的关系，履行好各自与禁毒有关的职责。

禁毒法强化了社会组织和公民个人在禁毒方面的义务，如在禁毒宣传教育方面规定：工会、共青团、妇联应当结合各自工作对象的特点，组织开展禁毒宣传教育；学校应当将禁毒知识纳入教学内容，对学生进行禁毒宣传教育；新闻、出版、文化、广播、电影、电视等有关单位，应当有针对性地面向社会进行禁毒宣传教育；飞机场、火车站、长途汽车站、码头以及旅店、娱乐场所等公共场所的经营者、管理者，负责本场所的禁毒宣传教育；各个单位、社会组织应当加强对本单位人员的禁毒宣传教育；居民委员会、村民委员会应当协助人民政府以及公安等部门，加强禁毒宣传教育；未成年人的父母或者其他监护人应当对未成年人进行毒品危害的教育、防范等。在戒毒工作方面，规定了社区戒毒和社区康复制度。

第四条　【禁毒工作方针和工作机制】禁毒工作实行预防为主，综合治理，禁种、禁制、禁贩、禁吸并举的方针。

禁毒工作实行政府统一领导，有关部门各负其责，社会广泛参与的工作机制。

条文注释

本条第1款是关于禁毒工作方针的规定。坚持预防为主就要从源头上禁毒。遏制毒品的种植和走私,开展禁毒宣传教育防止新增吸毒人员,严格依法加强对麻醉药品药用原植物种植,麻醉药品和精神药品以及易制毒化学品的生产、经营、运输、储存、使用环节的管理等,这都是从源头上禁毒。"综合治理",是指"禁种、禁制、禁贩、禁吸"四禁并举。一是合法的种、制、贩、吸要严格依照法定条件和操作规范进行;二是对违法的种、制、贩、吸进行严厉打击。

本条第2款是关于禁毒工作机制的规定。政府统一领导,表明了禁毒工作首先是政府的责任。国务院设立国家禁毒委员会,专门负责组织、协调、指导全国的禁毒工作,县级以上地方各级人民政府根据禁毒工作的需要,可以设立禁毒委员会,负责组织、协调、指导本行政区域内的禁毒工作。各部门依法履行各自承担的职责,并相互协作。社会团体、企业事业单位以及其他组织和公民都应当承担各自在禁毒领域的义务。

第五条　【禁毒委员会】国务院设立国家禁毒委员会,负责组织、协调、指导全国的禁毒工作。

县级以上地方各级人民政府根据禁毒工作的需要,可以设立禁毒委员会,负责组织、协调、指导本行政区域内的禁毒工作。

条文注释

本条第1款规定了国家禁毒委员会的设立及其职责。禁毒委员会的职责为组织、协调、指导全国的禁毒工作。首先,国家禁毒委员会的工作范围是全国的禁毒工作而不限于中央层面;其次,国家禁毒委员会的工作职责和方式是组织、协调和指导,不包括领导,因为国家禁毒委员会不是一级行政部门。所谓组织，是指负责筹划和部署相关的禁毒专项工作、行动等事项。所谓协调，是指依法对涉及多个部门的与禁毒有关的事项，进行统筹、协商和安排，保证国家机关各负其责，相互协作。所谓指导，是指对禁毒相关事项提出指导性意见。

根据第2款规定，县级以上地方各级人民政府可以设立禁毒委员会，不是必须层层设立。没有设立禁毒委员会的地方，组织、协调、指导工作应当由当地人民政府承担。

第六条　【禁毒工作保障】县级以上各级人民政府应当将禁毒工作纳入国民经济和社会发展规划，并将禁毒经费列入本级财政预算。

条文注释

国民经济和社会发展规划是国家根据经济、社会发展的要求，对未来计划期内国民经济和社会发展各主要方面所作的统筹部署和安排，是指导国民经济和社会发展的纲领性文件。毒品问题是严重的社会问题，县级以上各级人民政府都有必要将禁毒工作作为政府公共管理和社会服务的重要内容，纳入国民经济和社会发展总体规划，作为政府制定有关政策和年度计划的依据。有关部门要制订有关禁毒工作的专项计划，作为政府制定相关政策、部署相关工作的依据。同时，各级人民政府还要合理安排用于禁毒工作的财政预算，保证禁毒工作有充足的经费。

关联法规

《戒毒条例》第3条

第七条　【鼓励禁毒社会捐赠】国家鼓励对禁毒工作的社会捐赠，并依法给予税收优惠。

条文注释

社会组织和公民个人捐赠财产用于禁毒公益事业，除了会增加经费，还能使公众积极参与禁毒事业，形成全民禁毒的氛围。捐赠是自愿和无偿的行为，不得强行或变相摊派，更不能借名敛财。禁毒社会捐赠应当由依法成立的与禁毒有关的公益性单位接受，境外捐赠人要求县级以上人民政府及其部门作为接受人的，县级以上人民政府及其部门也可以接受捐赠，并依法管理捐赠财产。捐赠财产的使用应当尊重捐赠人的意愿，符合禁毒公益目的，不得挪作他用。

社会组织和公民积极捐赠禁毒公益事业应当予以鼓励，包括给予税收优惠。如《公益事业捐赠法》规定，公司、个人捐赠财产用于公益事业，依法享有企业所得税、个人所得税优惠等，用于公益事业的捐赠物资，通过海关时可以减、免征关税。

关联法规

《公益事业捐赠法》第24～26条

第八条　【鼓励禁毒科学技术研究】国家鼓励开展禁毒科学技术研究，推广先进的缉毒技术、装备和戒毒方法。

条文注释

“国家鼓励开展禁毒科学技术研究”，是指国家鼓励和提倡社会各方面，包括单位和个人开展禁毒工作科学技术研究，探索行之有效的科学禁毒方法。禁毒科学技术主要包括三个方面的技术：一是及时发现毒品的生产地点的技术，这是消除毒品源头的关键；二是及时缉查走私贩卖毒品违法犯罪活动的技术；三是先进的戒毒方法。

关联法规

《戒毒条例》第8条

第九条 【鼓励举报毒品违法犯罪】国家鼓励公民举报毒品违法犯罪行为。各级人民政府和有关部门应当对举报人予以保护,对举报有功人员以及在禁毒工作中有突出贡献的单位和个人,给予表彰和奖励。

条文注释

"各级人民政府和有关部门应当对举报人予以保护",是指各级人民政府有责任采取各种措施,对举报人员进行安全保护。这种保护包括事前保护和事后保护,应当以事前保护为主。事前保护即提前采取措施有效预防被举报的人员打击报复,如对举报人信息采取有效的保密措施,在需要作证时根据案件情况可以对举报人采取一些保密性的技术处理、对被举报人员的预先警告等。事后保护是指当毒品违法犯罪分子对举报人实施报复时应当及时追究责任。保护的范围不仅仅限于举报人本人,也包括举报人家属,不仅包括人身也包括财产。对举报人予以保护应当有相应的经费支持。

"举报有功人员"主要是指通过其对毒品违法犯罪活动的举报,对发现及抓获违法犯罪嫌疑人、侦破毒品犯罪案件给予了重要帮助的人员。"在禁毒工作中有突出贡献的单位和个人",既包括负有禁毒工作职责的单位和个人,如公安、边防、海关工作人员等,也包括其他单位和个人。

关联法规

《易制毒化学品管理条例》第6条

《娱乐场所管理条例》第37条

第十条 【鼓励禁毒志愿工作】国家鼓励志愿人员参与禁毒宣传教育和戒毒社会服务工作。地方各级人民政府应当对志愿人员进行指导、培训,并提供必要的工作条件。

条文注释

“戒毒社会服务工作”，主要是指志愿人员协助有关机构和社会基层组织，帮助本社区内的吸毒人员戒毒的社会工作。戒毒人员回归社会后，为防止其复吸，志愿人员会帮助、督促、约束他们远离昔日的毒友，切断他们的毒品来源，并经常组织他们开展一些有益于身心健康的活动，对他们不断地进行有关禁毒的宣传教育等。

“地方各级人民政府应当对志愿人员进行指导、培训”，是指地方各级人民政府有义务给予志愿人员必要的指导、培训，请有关专业人士给他们讲解毒品危害的基本知识和做好戒毒社会服务工作应当具备的常识技能。“提供必要的工作条件”是指提供场地、物质条件，协调和解决在进行禁毒宣传教育活动和戒毒社会服务工作中遇到的各种问题和困难等。

第二章　禁毒宣传教育

第十一条　【国家禁毒宣传教育】国家采取各种形式开展全民禁毒宣传教育，普及毒品预防知识，增强公民的禁毒意识，提高公民自觉抵制毒品的能力。

国家鼓励公民、组织开展公益性的禁毒宣传活动。

第十二条　【各级人民政府和有关组织禁毒宣传教育】各级人民政府应当经常组织开展多种形式的禁毒宣传教育。

工会、共产主义青年团、妇女联合会应当结合各自工作对象的特点，组织开展禁毒宣传教育。

第十三条　【教育部门禁毒宣传教育】教育行政部门、学校应当将禁毒知识纳入教育、教学内容，对学生进行禁毒宣传教育。公安机关、司法行政部门和卫生行政部门应当予以协助。

条文注释

按照第13条规定,教育行政部门和学校应当通过编写教材、安排教学课时或者安排专门的教育内容等方式,对学生进行禁毒知识的宣传教育。公安机关、司法行政部门和卫生行政部门应当协助教育行政部门和学校对学生进行有关禁毒知识的宣传教育。如可以邀请战斗在禁毒工作第一线的公安干警,结合打击毒品违法犯罪活动的真实案例来对学生进行法制宣传教育;组织学生参观戒毒所;让有关专家走进课堂进行毒品知识的宣传教育等。

第十四条　【新闻媒体禁毒宣传教育】新闻、出版、文化、广播、电影、电视等有关单位,应当有针对性地面向社会进行禁毒宣传教育。

条文注释

新闻、出版、文化、广播、电影、电视等有关单位应当利用各自的特点和优势,有针对性地面向社会开展禁毒宣传教育。如新闻单位可以利用新闻报道,向公民宣传有关禁毒方面的最新形势和国际、国内打击毒品违法犯罪活动的新闻内容,使公民对禁毒的国际、国内形势有所了解;出版单位可以利用各种出版物,向公民宣传有关禁毒知识,使公民提高免遭毒品侵害的能力;广播、电影、电视等单位可以通过编制、播放有关禁毒宣传教育的影片、电视剧等,向社会进行禁毒宣传教育。

第十五条　【公共场所禁毒宣传教育】飞机场、火车站、长途汽车站、码头以及旅店、娱乐场所等公共场所的经营者、管理者,负责本场所的禁毒宣传教育,落实禁毒防范措施,预防毒品违法犯罪行为在本场所内发生。

条文注释

本条规定了飞机场、火车站、长途汽车站、码头以及旅店和娱乐场所等公共场所的经营者、管理者的禁毒义务。一是负责本场所的禁毒宣传教育,可以根据本场所的特点、条件,建立禁毒宣传教育的长效机制,通过发放禁毒宣传册和宣传单、张贴禁毒宣传画、设置禁毒警示标牌等形式,介绍预防毒品知识。二是配合公安、文化、市场监管等部门落实禁毒防范措施,防止毒品违法犯罪行为在本场所内发生。包括制定相关的禁毒防范措施预案;建立巡查制度,发现场所内有违法犯罪活动的,立即向公安机关报告;加强内部管理,建立健全禁毒管理制度,增强从业人员自律意识;安装必要的监控设备,或采用科技手段加强禁毒防范措施。

关联法规

《旅馆业治安管理办法》第9、12条

《娱乐场所管理条例》第13、14、30、31条

第十六条　【单位内部禁毒宣传教育】国家机关、社会团体、企业事业单位以及其他组织,应当加强对本单位人员的禁毒宣传教育。

第十七条　【基层组织禁毒宣传教育】居民委员会、村民委员会应当协助人民政府以及公安机关等部门,加强禁毒宣传教育,落实禁毒防范措施。

第十八条　【监护人对未成年人的毒品危害教育】未成年人的父母或者其他监护人应当对未成年人进行毒品危害的教育,防止其吸食、注射毒品或者进行其他毒品违法犯罪活动。

条文注释

第18条中的"未成年人",是指未满18周岁的公民。"监护人",是指法律规定的对未成年人的人身、财产及其他一切合法权益负有监督和保护责任的人。监护人一般是父母;父母已经死亡或者没有监护能力的,由有监护能力的祖父母、外祖父母,

兄、姐或其他亲朋担任；特殊情况下也可由有关组织担任。

家庭教育是预防未成年人毒品违法犯罪的第一道防线，未成年人的父母或其他监护人要告知未成年人毒品及其危害的知识，告诫他们要珍爱生命，拒绝毒品，增强其禁毒防毒意识；应当经常与未成年人沟通，加强与学校的联系，发现未成年人可能涉足毒品，及时采取措施。

关联法规

《未成年人保护法》第16条

《预防未成年人犯罪法》第4条

《民法典》第17、27条

第三章　毒品管制

第十九条　【麻醉药品药用原植物种植管制】国家对麻醉药品药用原植物种植实行管制。禁止非法种植罂粟、古柯植物、大麻植物以及国家规定管制的可以用于提炼加工毒品的其他原植物。禁止走私或者非法买卖、运输、携带、持有未经灭活的毒品原植物种子或者幼苗。

地方各级人民政府发现非法种植毒品原植物的，应当立即采取措施予以制止、铲除。村民委员会、居民委员会发现非法种植毒品原植物的，应当及时予以制止、铲除，并向当地公安机关报告。

条文注释

本条是关于对麻醉药品药用原植物种植实行管制的规定。所谓"麻醉药品药用原植物"，是指罂粟、古柯植物、大麻植物，以及国家规定管制的可以用于提炼加工毒品的其他原植物。"未经灭活的毒品原植物种子或者幼苗"，是指没有经过烘烤、放射线照射等处理手段,还能继续繁殖、发芽的毒品原植物种子或者幼苗。

管制的内容包括:(1)只能依法按照计划种植。麻醉药品药用原植物种植只能由国务院药品监督管理部门和国务院农业主管部门共同确定的企业种植,其他单位和个人不得种植。国家对麻醉药品药用原植物的种植、麻醉药品和精神药品的生产实行总量控制。(2)禁止非法种植。即禁止未经国家主管部门批准,私自种植毒品原植物,或者不按照批准的种植计划、限定数量进行种植。(3)禁止走私或者非法买卖、运输、携带、持有未经灭活的毒品原植物种子或者幼苗。

不以提炼毒品或者非法买卖为目的,种植罂粟、大麻植物等毒品原植物,构成非法种植毒品原植物罪的,可以酌情从宽处罚;犯罪情节轻微不需要判处刑罚的,可以免予刑事处罚。

关联法规

《刑法》第 351、352 条

《治安管理处罚法》第 71 条

《麻醉药品和精神药品管理条例》第 5 条

《公安部、卫生部关于严禁非法种植罂粟的通知》

第二十条 【麻醉药品提取、储存场所的警戒】国家确定的麻醉药品药用原植物种植企业,必须按照国家有关规定种植麻醉药品药用原植物。

国家确定的麻醉药品药用原植物种植企业的提取加工场所,以及国家设立的麻醉药品储存仓库,列为国家重点警戒目标。

未经许可,擅自进入国家确定的麻醉药品药用原植物种植企业的提取加工场所或者国家设立的麻醉药品储存仓库等警戒区域的,由警戒人员责令其立即离开;拒不离开的,强行带离现场。

条文注释

麻醉药品药用原植物种植企业必须是由国务院药品监督管理部门和国务院农业主管部门共同确定的种植企业。“按照国家有关规定种植”是指遵守国家对麻醉药品药用原植物的种植实行总量控制等规定。种植企业必须按照年度计划种植，定期向监管部门报告种植情况，及时将麻醉药品和精神药品生产、销售、库存情况上报等。

“提取加工场所”，是指对成熟的麻醉药品药用原植物采集、收成后，进行提炼、加工、制作成药品原料的专门场所。“储存仓库”是指用于储存麻醉药品、精神药品和药用原植物的专门场所。《麻醉药品和精神药品管理条例》规定，麻醉药品药用原植物种植企业、国家设立的麻醉药品储存单位，应当设置储存麻醉药品和第一类精神药品的专库，该专库应符合特定要求。第二类精神药品原料药以及制剂应当在药品库中设立独立的专库存放。

麻醉药品药用原植物种植企业的提取加工场所和麻醉药品储存仓库应列为国家重点警戒目标，采取严格的安全警卫措施，关键部位应当安装摄像装置，监控生产的主要活动并记录，仓库还应当安装自动报警系统，并与公安部门报警系统联网，严格限制人员出入警戒区域。

关联法规

《麻醉药品和精神药品管理条例》第7~9、46~49条

《麻醉药品和精神药品生产管理办法(试行)》第3~25条

第二十一条　【麻醉药品、精神药品、易制毒化学品管制】国家对麻醉药品和精神药品实行管制，对麻醉药品和精神药品的实验研究、生产、经营、使用、储存、运输实行许可和查验制度。

国家对易制毒化学品的生产、经营、购买、运输实行许可

制度。

禁止非法生产、买卖、运输、储存、提供、持有、使用麻醉药品、精神药品和易制毒化学品。

条文注释

“许可制度”是指行政许可制度，即有权的行政机关根据公民、法人或者其他组织的申请，经依法审查，准予其从事特定活动的制度。

国家对麻醉药品和精神药品实行管制，对麻醉药品和精神药品的实验研究、生产、经营、使用、储存、运输应当具备相关法规规定的条件，并经相应药品监督管理部门批准。药品监督管理部门应当根据规定的职责权限，对麻醉药品和精神药品的实验研究、生产、经营、使用、储存、运输活动进行监督检查。省级以上人民政府药品监督管理部门建立监控信息网络，对定点生产企业、实验研究、经营单位的生产、使用数量以及流向实行实时监控，并与同级公安机关信息共享。

易制毒化学品，是指国家规定管制的可用于制造麻醉药品和精神药品的化学原料及配剂。易制毒化学品的生产、经营、购买、运输实行许可制度。生产、经营易制毒化学品，应当具备相应条件并经相应监督管理部门审批；申请购买易制毒化学品，应提交相应的证明，并经药品监督管理部门审批；运输易制毒化学品的，由运出地的公安机关审批或备案，并发给运输许可证方可运输。

走私、贩卖、运输、制造国家规定管制的、没有医疗等合法用途的麻醉药品、精神药品的，一般以走私、贩卖、运输、制造毒品罪定罪处罚。明知是走私、贩卖毒品的犯罪分子或者吸毒人员，而向其贩卖国家规定管制的、具有医疗等合法用途的麻醉药品、精神药品的，以贩卖毒品罪定罪处罚。依法从事生产、运输、管理、使用国家规定管制的麻醉药品、精神药品的人员，实施《刑法》第355条规定的行为的，区分不同情形，分别以非法提供麻醉药品、精神药品罪或者贩卖毒品罪定罪处罚。

确有证据证明出于治疗疾病等相关目的，违反有关药品管理的国家规定，未经许可经营国家规定管制的、具有医疗等合法用途的麻醉药品、精神药品的，不以毒品犯罪论处；情节严重，构成其他犯罪的，依法处理。实施带有自救、互助性质的上述行为，一般可不作为犯罪处理；确须追究刑事责任的，应依法充分体现从宽。

明知他人利用麻醉药品、精神药品实施抢劫、强奸等犯罪仍向其贩卖，同时构成贩卖毒品罪和抢劫罪、强奸罪等犯罪的，依照处罚较重的规定定罪处罚。案件存在其他情形，符合数罪并罚条件的，依法定罪处罚。

关联法规

《药品管理法》第61条

《刑法》第355条

《麻醉药品和精神药品管理条例》第10～55条

《麻醉药品和精神药品邮寄管理办法》

《麻醉药品和精神药品运输管理办法》

《易制毒化学品管理条例》第2、5、7～25条

《易制毒化学品购销和运输管理办法》

《非药品类易制毒化学品生产、经营许可办法》

第二十二条 【麻醉药品、精神药品、易制毒化学品进出口管理】国家对麻醉药品、精神药品和易制毒化学品的进口、出口实行许可制度。国务院有关部门应当按照规定的职责，对进口、出口麻醉药品、精神药品和易制毒化学品依法进行管理。禁止走私麻醉药品、精神药品和易制毒化学品。

条文注释

《药品管理法》《易制毒化学品管理条例》与本条规定共同

构成对麻醉药品、精神药品和易制毒化学品进口、出口实行许可制度的法律依据。进出口麻醉药品、精神药品、易制毒化学品的单位,应向药品监督管理部门提交相关申请材料。药品监督管理部门审查后,决定许可的,发放相应的进出口准许证,进出口单位持许可证向海关办理进出口手续。

"走私麻醉药品、精神药品和易制毒化学品",是指违反国家法律、行政法规,逃避海关监管,非法运输、携带、邮寄麻醉药品、精神药品和易制毒化学品进出国(边)境的行为。走私麻醉药品、精神药品和易制毒化学品,依据《治安管理处罚法》或《刑法》追究责任。

确有证据证明出于治疗疾病等相关目的,违反药品管理法规,未取得药品相关批准证明文件,生产国家规定管制的麻醉药品、精神药品,进口在境外也未合法上市的国家规定管制的麻醉药品、精神药品,或者明知是上述未经批准生产、进口的国家规定管制的麻醉药品、精神药品而予以销售,构成妨害药品管理罪的,依法定罪处罚。但因治疗疾病需要,在自用、合理数量范围内携带、寄递国家规定管制的、具有医疗等合法用途的麻醉药品、精神药品进出境的,不构成犯罪。

关联法规

《刑法》第350条

《药品管理法》第66条

《联合国禁止非法贩运麻醉药品和精神药物公约》第12条

《易制毒化学品管理条例》第2、5、26~31条

《麻醉药品和精神药品品种目录》

第二十三条 【麻醉药品、精神药品、易制毒化学品流失的应急处置】发生麻醉药品、精神药品和易制毒化学品被盗、被抢、丢失或者其他流入非法渠道的情形,案发单位应当

立即采取必要的控制措施，并立即向公安机关报告，同时依照规定向有关主管部门报告。

公安机关接到报告后，或者有证据证明麻醉药品、精神药品和易制毒化学品可能流入非法渠道的，应当及时开展调查，并可以对相关单位采取必要的控制措施。药品监督管理部门、卫生行政部门以及其他有关部门应当配合公安机关开展工作。

条文注释

本条第1款是关于案发单位应急处理责任的规定。“案发单位”是指合法拥有麻醉药品、精神药品和易制毒化学品，发生麻醉药品、精神药品和易制毒化学品流入非法渠道事故的单位，包括麻醉药品、精神药品和易制毒化学品的生产、加工、经营、运输企业，使用麻醉药品、精神药品的科研单位、医疗机构等。案发单位的责任有：(1)立即采取必要的控制措施；(2)立即向公安机关报告；(3)依照规定向有关主管部门报告。“必要的控制措施”是指减少事故损失、控制事故危害的必要措施。“依照规定”是指依照《麻醉药品和精神药品管理条例》《易制毒化学品管理条例》等法律法规和卫生、商务等部门的规章的规定。“有关主管部门”是指除公安机关外，对麻醉药品、精神药品和易制毒化学品负有监督管理职责的部门，包括药品监督管理部门、卫生主管部门、应急管理部门、商务主管部门等。

本条第2款规定，公安机关负有查处麻醉药品、精神药品和易制毒化学品流入非法渠道事故的责任。药品监督管理部门、卫生行政部门等也负有在各自职责范围内监督管理的职责，其配合公安机关开展工作的方式可以是向公安机关提供本部门监管中了解的信息，为公安机关开展调查提供便利条件等。

关联法规

《麻醉药品和精神药品管理条例》第64条

《易制毒化学品管理条例》第34条

第二十四条 【禁止非法传授麻醉药品、精神药品、易制毒化学品的制造方法】禁止非法传授麻醉药品、精神药品和易制毒化学品的制造方法。公安机关接到举报或者发现非法传授麻醉药品、精神药品和易制毒化学品制造方法的，应当及时依法查处。

条文注释

国家对麻醉药品、精神药品和易制毒化学品的生产规定了严格的管制措施，对麻醉药品、精神药品的生产实行行政许可制度，企业必须具备法定的条件，经过药品监督管理部门审查批准，并依照《药品管理法》的规定取得药品批准文号，方可进行麻醉药品、精神药品的生产。国家对易制毒化学品的生产实行分类管理和许可制度。向不法分子非法传授麻醉药品、精神药品和易制毒化学品的制造方法，实际上是为毒品违法犯罪活动提供帮助，其性质是在传授犯罪方法。公安机关接到人民群众举报或者主动发现存在此类行为的，应当及时依法查处，视情节予以行政处罚或依法追究刑事责任。

关联法规

《刑法》第295条

第二十五条 【授权国务院制定管理办法】麻醉药品、精神药品和易制毒化学品管理的具体办法，由国务院规定。

条文注释

国务院在本法制定前，已经制定了《麻醉药品和精神药品管理条例》和《易制毒化学品管理条例》等麻醉药品、精神药品和易制毒化学品管理方面的行政法规。这些法规与本法的规定是一致的，在本法施行后继续有效。本法施行后，国务院还可以根据本法和实际情况完善现有规定或者制定新的规定。

第二十六条　【有关场所的毒品检查】公安机关根据查缉毒品的需要，可以在边境地区、交通要道、口岸以及飞机场、火车站、长途汽车站、码头对来往人员、物品、货物以及交通工具进行毒品和易制毒化学品检查，民航、铁路、交通部门应当予以配合。

海关应当依法加强对进出口岸的人员、物品、货物和运输工具的检查，防止走私毒品和易制毒化学品。

邮政企业应当依法加强对邮件的检查，防止邮寄毒品和非法邮寄易制毒化学品。

条文注释

机场、车站、码头、边境地区、口岸等是走私、非法运输毒品和易制毒化学品的主要通道。公安机关可以在这些特定的地区进行毒品和易制毒化学品检查。铁路、民航、交通等部门应当予以配合。检查可以与为保证公共交通工具安全而进行的安全检查一起进行，也可以分开进行。

海关对发现和查处跨越我国国境的毒品和易制毒化学品走私活动负有重要的职责。海关有权检查进出境运输工具，查验进出境货物、物品，查阅进出境人员的证件，扣押违禁物品。

邮政企业也负有防止毒品通过邮寄运输的职责。邮政企业应当把防止邮寄毒品和非法邮寄易制毒化学品作为邮件检查的重要内容。

关联法规

《海关法》第6条

《邮政法》第25、26条

《邮政法实施细则》第33～35条

第二十七条 【娱乐场所巡查和报告毒品违法犯罪】娱乐场所应当建立巡查制度，发现娱乐场所内有毒品违法犯罪活动的，应当立即向公安机关报告。

条文注释

"巡查制度"是娱乐场所建立的，由专人负责，定时定期对本场所内情况进行巡回检查和监督的制度。娱乐场所的经营者应根据本场所的实际情况，建立人员相对固定的巡查小组，落实巡查的方式和具体任务。巡查人员应当熟悉本场所的情况，具有一定的法律知识。巡查人员在巡查中发现违法犯罪活动或者可疑人员、行为的，应当立即报告娱乐场所的负责人或者直接报告公安机关。

关联法规

《娱乐场所管理条例》第31条

第二十八条 【查获毒品和涉毒财物的收缴与处理】对依法查获的毒品，吸食、注射毒品的用具，毒品违法犯罪的非法所得及其收益，以及直接用于实施毒品违法犯罪行为的本人所有的工具、设备、资金，应当收缴，依照规定处理。

条文注释

涉及被依法查获的物品包括四类：一是毒品；二是吸食、注射毒品的用具；三是毒品违法犯罪的非法所得及其收益；四是直接用于实施毒品违法犯罪行为的本人所有的工具、设备、资金。

"毒品违法犯罪的非法所得"，是指违法犯罪分子实施毒品违法犯罪行为而非法获得的财物，如贩卖毒品所得的资金、运输毒品所得的报酬等。"收益"是指利用毒品违法犯罪的非法所得所产生的孳息或者进行经营活动所产生的经济利益，如将毒资存入银行所获利息，购买股票所获红利，开办公司所获盈利等。“直接用于实施毒品违法犯罪行为的本人所有的工具、设备、资金”有两个限制条件：一是“直接用于实施毒品违法犯罪行为”，即对于实施毒品违法犯罪行为起到必不可少的作用并直接导致危害后果发生；二是“本人所有”而非他人所有。

“处理”是指根据不同情况进行处理。如收缴的毒品，吸食、注射毒品的用具应当一律予以销毁。毒品犯罪的非法所得及其收益，应当由公安机关依法扣押、冻结并妥善保管，需要作为证据使用的随案移送，待法院判决生效后，一律没收，上缴国库。不构成犯罪的涉毒违法行为的非法所得及其收益，应上缴国库。直接用于实施毒品违法犯罪行为的本人所有的工具、设备、资金，应当予以没收、收缴。

关联法规

《刑法》第64条

《刑事诉讼法》第245条

《治安管理处罚法》第11条

《公安机关办理行政案件程序规定》第196条

第二十九条　【可疑毒品犯罪资金监测】反洗钱行政主管部门应当依法加强对可疑毒品犯罪资金的监测。反洗钱行政主管部门和其他依法负有反洗钱监督管理职责的部门、机构发现涉嫌毒品犯罪的资金流动情况，应当及时向侦查机关报告，并配合侦查机关做好侦查、调查工作。

条文注释

《联合国禁止非法贩运麻醉药品和精神药物公约》及我国《刑法》都将毒品犯罪规定为洗钱犯罪的上游犯罪。

“反洗钱行政主管部门”是指中国人民银行。“其他依法负有反洗钱监督管理职责的部门、机构”，狭义上是指金融监督管理机构，包括中国证券监督管理委员会和国家金融监督管理总局；广义上还包括金融机构，如政策性银行、商业银行、信用合作社、邮政储汇机构、信托投资公司、证券公司、期货经纪公司、保险公司以及国务院反洗钱行政主管部门确定并公布的其他机构。

可疑毒品犯罪资金，不仅包括毒品犯罪非法所得、由非法所得获得的收益等，而且包括可能用于毒品犯罪的资金。

金融机构应当按照规定执行大额交易和可疑交易报告制度。金融机构办理的单笔交易或者在规定期限内累计的交易超过规定金额或者发现可疑交易的，应当及时向反洗钱监测分析机构报告。反洗钱行政主管部门和其他负有反洗钱监督管理职责的部门，应当将线索和相关证据材料移送有管辖权的机关处理。

关联法规

《联合国禁止非法贩运麻醉药品和精神药物公约》

《刑法》第191条

《反洗钱法》第13、20、43、44条

第三十条　【毒品监测和禁毒信息系统】国家建立健全毒品监测和禁毒信息系统，开展毒品监测和禁毒信息的收集、分析、使用、交流工作。

第四章　戒毒措施

第三十一条　【对吸毒成瘾人员采取治疗、教育、挽救措施】国家采取各种措施帮助吸毒人员戒除毒瘾，教育和挽救吸毒人员。

吸毒成瘾人员应当进行戒毒治疗。

吸毒成瘾的认定办法，由国务院卫生行政部门、药品监督管理部门、公安部门规定。

条文注释

帮助吸毒人员戒除毒瘾，教育和挽救吸毒人员，是我国戒毒工作的基本方针。

所谓“帮助吸毒人员戒除毒瘾”，是指国家鼓励吸毒人员自愿戒毒，也可以对其进行强制隔离戒毒，国家应当提供戒毒的资金、场所和人员，并采取科学的戒毒方法，以帮助吸毒成瘾者彻底戒毒。无论采取何种方式戒毒，戒毒治疗中始终要将吸毒人员视为病人予以帮助。

所谓教育和挽救，就是使吸毒人员建立正确的人生观，恢复自尊自信以及正常的生产、生活能力，回归正常社会生活。为此要对其进行适当的身体和心理康复训练，同时让其感受到亲情、社会的温暖，激发其对家庭、社会的责任感，帮助其提高劳动技能。

“吸毒成瘾人员应当进行戒毒治疗”有两方面含义：一是国家应当对吸毒成瘾人员进行戒毒治疗，提供医疗条件；二是吸毒人员应当戒毒，国家鼓励其主动治疗，对于符合条件的也可强制戒毒。

关联法规

《吸毒成瘾认定办法》第7、8条

第三十二条　【对吸毒人员的检测和登记】公安机关可以对涉嫌吸毒的人员进行必要的检测，被检测人员应当予以配合；对拒绝接受检测的，经县级以上人民政府公安机关或者其派出机构负责人批准，可以强制检测。

公安机关应当对吸毒人员进行登记。

条文注释

本条是关于强制检测和吸毒人员登记制度的规定。对涉嫌吸毒人员进行检测，既可以防止执法人员判断失误或滥用职权，也有利于保护公民权利。吸毒检测应当遵守的条件和程序是：(1)应当有一定的证据或者迹象表明被检测人已涉嫌吸食、注射毒品；(2)检测是确定是否吸毒所必需；(3)检测应当由具有相应资格的专门人员进行。

强制检测除需具备上述三个条件外还应具备两个条件：一是只能针对拒绝接受检测的人；二是必须经县级以上人民政府公安机关或者其派出机构负责人批准。

公安机关对吸毒人员的登记和统计，有利于分析、预测本地区的毒品消费和毒品违法情况，长期追踪吸毒人员的戒毒情况，为传染病防治提供依据。

第三十三条　【社区戒毒】对吸毒成瘾人员，公安机关可以责令其接受社区戒毒，同时通知吸毒人员户籍所在地或者现居住地的城市街道办事处、乡镇人民政府。社区戒毒的期限为三年。

戒毒人员应当在户籍所在地接受社区戒毒；在户籍所在地以外的现居住地有固定住所的，可以在现居住地接受社区戒毒。

条文注释

本法在规定强制性戒毒措施之外，规定了社区戒毒，并将试点工作中主要针对强制性戒毒后的社区戒毒，发展为一种实行强制隔离戒毒前就可以进行的戒毒措施。

社区戒毒的条件如下：一是只能针对吸毒成瘾的人员，未达到成瘾程度的可给予治安管理处罚，不进行戒毒治疗；二是由公安机关决定，其他机关和个人无权决定。

社区戒毒的期限为3年。3年的社区戒毒期限符合戒毒的医学规律，也可以强化社会对戒毒的管理和救助。

社区戒毒的执行地，应当本着既有利于管理，又不妨碍戒毒人员正常生活的原则进行。公民在户籍所在地可以享受到入学、就业、医疗、民政、劳动和社会保障等各方面的政策，当地基层政府对吸毒人员较为熟悉，便于管理，因此社区戒毒在户籍所在地执行。考虑到戒毒人员的流动需要，为了不影响其正常生活、工作，本法同时规定可在现居住地执行，但其在现居住地应有固定的住所。

关联法规

《戒毒条例》第13、14条

第三十四条 【负责社区戒毒的机构】 城市街道办事处、乡镇人民政府负责社区戒毒工作。城市街道办事处、乡镇人民政府可以指定有关基层组织，根据戒毒人员本人和家庭情况，与戒毒人员签订社区戒毒协议，落实有针对性的社区戒毒措施。公安机关和司法行政、卫生行政、民政等部门应当对社区戒毒工作提供指导和协助。

城市街道办事处、乡镇人民政府，以及县级人民政府劳动行政部门对无职业且缺乏就业能力的戒毒人员，应当提供必要的职业技能培训、就业指导和就业援助。

条文注释

社区戒毒的执行主体是城市街道办事处和乡镇人民政府。具体执行中，城市街道办事处、乡镇人民政府可以指定有关基层组织落实具体的社区戒毒措施。社区戒毒协议是执行机关指定基层组织与戒毒人员签订的协议，用以确定社区戒毒具体措施和社区戒毒人员的义务，如定期检测、服药、汇报戒毒情况、进行戒毒知识学习，参加生理、心理康复训练项目等。

基层政府和县级以上劳动行政部门有义务对戒毒人员提供援助,援助的对象是无职业且缺乏就业能力的戒毒人员,援助的内容是提供必要的职业技能培训、就业指导和就业援助。

关联法规

《戒毒条例》第15~18条

第三十五条 【社区戒毒人员的义务】接受社区戒毒的戒毒人员应当遵守法律、法规,自觉履行社区戒毒协议,并根据公安机关的要求,定期接受检测。

对违反社区戒毒协议的戒毒人员,参与社区戒毒的工作人员应当进行批评、教育;对严重违反社区戒毒协议或者在社区戒毒期间又吸食、注射毒品的,应当及时向公安机关报告。

条文注释

本条第1款是关于社区戒毒人员应当遵守的义务的规定。社区戒毒人员应当遵守的义务有三项:一是遵守法律、法规;二是自觉履行社区戒毒协议;三是根据公安机关的要求,定期接受检测。"遵守法律、法规"主要是指戒毒人员应当遵守有关禁毒、戒毒的相关规定,如不得违反《刑法》《治安管理处罚法》的规定从事毒品违法犯罪行为,不得违反有关麻醉药品、精神药品管制的规定,不得违反《禁毒法》有关禁毒的管制措施,不得再吸食、注射毒品等,也包括遵守其他法律法规。

本条第2款是关于社区戒毒人员违反社区戒毒协议如何处理的规定。对于一般违反社区戒毒协议的人员,应当进行批评、教育。对于严重违反社区戒毒协议或在社区戒毒期间又吸食、注射毒品的人员,应当及时向公安机关报告。根据本法第38条的规定,公安机关应当作出强制隔离戒毒的决定,送交强制隔离戒毒机构。在执行中对什么是"严重违反社区戒毒协议"应当严格把握,不宜把一般的违反协议的行为作为进行强制隔离戒毒的理由。

关联法规

《戒毒条例》第 19 ~ 21 条

第三十六条　【戒毒医疗机构】 吸毒人员可以自行到具有戒毒治疗资质的医疗机构接受戒毒治疗。

设置戒毒医疗机构或者医疗机构从事戒毒治疗业务的，应当符合国务院卫生行政部门规定的条件，报所在地的省、自治区、直辖市人民政府卫生行政部门批准，并报同级公安机关备案。戒毒治疗应当遵守国务院卫生行政部门制定的戒毒治疗规范，接受卫生行政部门的监督检查。

戒毒治疗不得以营利为目的。戒毒治疗的药品、医疗器械和治疗方法不得做广告。戒毒治疗收取费用的，应当按照省、自治区、直辖市人民政府价格主管部门会同卫生行政部门制定的收费标准执行。

条文注释

自愿戒毒人员包括未被公安机关发现的吸毒人员，出于保护个人隐私而异地戒毒治疗的吸毒人员，以及在社区戒毒的吸毒人员。接受自愿戒毒治疗期间，有关部门不得以吸毒成瘾为由对其实行强制隔离戒毒。

设置戒毒医疗机构或者医疗机构从事戒毒治疗业务的应当具备三个条件：一是符合国务院卫生行政部门规定的条件，包括技术条件和硬件设施条件等；二是报所在地省级人民政府卫生行政部门批准；三是报省级公安机关备案。

戒毒治疗不得以营利为目的。戒毒治疗的收益应当用于发展戒毒治疗事业本身，不得用于分红。戒毒治疗不得以营利为目的并非戒毒治疗不能收费。戒毒医疗机构、从事戒毒治疗业务的医疗机构可以根据情况实行免费戒毒治疗，也可以按照“收费标准”收取一定费用。本法授权省级政府价格主管部门会同卫生行政部门制定“收费标准”。

关联法规

《广告法》第15条

《戒毒条例》第9条

第三十七条 【戒毒医疗机构有关职责】医疗机构根据戒毒治疗的需要,可以对接受戒毒治疗的戒毒人员进行身体和所携带物品的检查;对在治疗期间有人身危险的,可以采取必要的临时保护性约束措施。

发现接受戒毒治疗的戒毒人员在治疗期间吸食、注射毒品的,医疗机构应当及时向公安机关报告。

条文注释

“临时保护性约束措施”是指在治疗期间,对接受戒毒治疗有人身危险的戒毒人员,医疗机构采取的以保护人身安全为目的的临时性约束措施。临时保护性约束措施不是对戒毒人员的一种处罚,也不是通常所说的强制措施,而是一种临时性保护方式,目的是保护戒毒人员和其他人员的安全。执行时一要严格掌握适用的对象,只能对有人身危险的戒毒人员使用,不得随意使用。二要从保护的目的出发,必须遵循有利原则、无伤原则和适当限度原则,禁止使用粗暴、野蛮,甚至伤害戒毒人员身体的手段。

戒毒人员自愿接受戒毒治疗,就有义务配合治疗,包括配合检查,接受必要的临时保护性约束措施等。

发现接受戒毒治疗的戒毒人员在治疗期间吸食、注射毒品的,戒毒医疗机构应及时向公安机关报告,公安机关区别情况处理,情节轻的可批评教育,情节严重的可强制隔离戒毒。

第三十八条　【强制隔离戒毒适用条件】吸毒成瘾人员有下列情形之一的，由县级以上人民政府公安机关作出强制隔离戒毒的决定：

（一）拒绝接受社区戒毒的；

（二）在社区戒毒期间吸食、注射毒品的；

（三）严重违反社区戒毒协议的；

（四）经社区戒毒、强制隔离戒毒后再次吸食、注射毒品的。

对于吸毒成瘾严重，通过社区戒毒难以戒除毒瘾的人员，公安机关可以直接作出强制隔离戒毒的决定。

吸毒成瘾人员自愿接受强制隔离戒毒的，经公安机关同意，可以进入强制隔离戒毒场所戒毒。

条文注释

本条是关于强制隔离戒毒适用条件的规定，共分3款。我国原来的戒毒体制包括强制戒毒和劳动教养戒毒两种措施。强制戒毒由公安机关决定，强制戒毒机构由公安部门主管，对象主要是第一次吸毒成瘾者；劳动教养戒毒由原劳动教养管理委员会决定，戒毒场所由司法行政部门主管，对象是强制戒除后又吸食、注射毒品者。本条将原来两种戒毒措施统一为强制隔离戒毒。

本条第1款规定了强制隔离戒毒的适用条件：(1)对象是吸毒成瘾人员，不包括初次吸毒或吸毒但未成瘾者；(2)具有拒绝接受社区戒毒或经社区戒毒达不到应有效果等四项法定情形之一；(3)由县级以上人民政府公安机关作出决定。

一般情况下，社区戒毒是强制隔离戒毒的前提，但也存在需直接决定强制隔离戒毒的特殊情况，本条第2款规定直接适用强制隔离戒毒的条件是：(1)吸毒成瘾严重；(2)通过社区戒毒难以戒除毒瘾。

本条第3款规定,吸毒成瘾人员可自愿接受强制隔离戒毒,经公安机关同意,可以直接进入强制隔离戒毒场所戒毒。一旦其自愿接受强制隔离戒毒,就应依法适用强制隔离戒毒的规定。

关联法规

《戒毒条例》第25条

第三十九条 【不适用强制隔离戒毒的情形】 怀孕或者正在哺乳自己不满一周岁婴儿的妇女吸毒成瘾的,不适用强制隔离戒毒。不满十六周岁的未成年人吸毒成瘾的,可以不适用强制隔离戒毒。

对依照前款规定不适用强制隔离戒毒的吸毒成瘾人员,依照本法规定进行社区戒毒,由负责社区戒毒工作的城市街道办事处、乡镇人民政府加强帮助、教育和监督,督促落实社区戒毒措施。

条文注释

本条是关于对特定对象不适用强制隔离戒毒的规定。对特定对象不适用强制隔离戒毒的规定包括两种情况:一是怀孕或者正在哺乳自己不满1周岁婴儿的妇女吸毒成瘾的,无论其毒瘾有多严重,一律不适用强制隔离戒毒;二是不满16周岁的未成年人吸毒成瘾的,可以不适用强制隔离戒毒。“可以不适用”是指一般不应适用强制隔离戒毒,但也不能一概而论。对于那些因父母和其他监护人确实无力帮助其戒毒,采取社区戒毒措施又无效的不满16周岁的未成年人,可以对其进行强制隔离戒毒。

对依照本条第1款规定不适用强制隔离戒毒的吸毒成瘾人员,不是放任不管,而是应当将其作为社区戒毒的重点对象,由负责社区戒毒工作的城市街道办事处、乡镇人民政府加强帮助、教育和监督,督促落实社区戒毒措施。

关联法规

《戒毒条例》第26条

《公安部关于未满十六周岁人员强制隔离戒毒问题的批复》

第四十条 【强制隔离戒毒的决定程序和救济措施】公安机关对吸毒成瘾人员决定予以强制隔离戒毒的,应当制作强制隔离戒毒决定书,在执行强制隔离戒毒前送达被决定人,并在送达后二十四小时以内通知被决定人的家属、所在单位和户籍所在地公安派出所;被决定人不讲真实姓名、住址,身份不明的,公安机关应当自查清其身份后通知。

被决定人对公安机关作出的强制隔离戒毒决定不服的,可以依法申请行政复议或者提起行政诉讼。

条文注释

本条第1款是关于公安机关作出强制隔离戒毒决定的程序,包括强制隔离戒毒决定书制作、送达、通知。强制隔离戒毒决定书是公安机关作出强制隔离戒毒决定的法定形式,强制隔离戒毒决定必须以书面形式作出,不得采取口头方式。公安机关应当在执行强制隔离戒毒前,将强制隔离戒毒决定书送达被决定人,否则不能对其执行强制隔离戒毒。公安机关应当在强制隔离戒毒决定书送达后24小时以内将决定书内容通知被决定人的家属、所在单位和户籍所在地公安派出所。“自查清其身份后通知”有两层含义:一是因被决定人不讲真实姓名、住址,身份不明,公安机关未能在24小时内通知其家属的不为违规;二是查清其身份后应立即通知。

本条第2款规定了被决定人对强制隔离戒毒决定不服的两个救济途径:一是依法申请行政复议;二是直接向人民法院提起行政诉讼。申请行政复议不是提起行政诉讼的前置程序。“依法”,是指依照《行政复议法》《行政诉讼法》的规定。

第四十一条 【强制隔离戒毒场所】对被决定予以强制隔离戒毒的人员,由作出决定的公安机关送强制隔离戒毒场所执行。

强制隔离戒毒场所的设置、管理体制和经费保障,由国务院规定。

第四十二条 【戒毒人员入所查检】戒毒人员进入强制隔离戒毒场所戒毒时,应当接受对其身体和所携带物品的检查。

条文注释

第42条规定有两层含义:一是强制隔离戒毒场所有权对进入的戒毒人员进行身体和所携带物品的检查。强制隔离戒毒场所对入所戒毒人员进行身体检查,主要是为了确认戒毒人员的某些身体特征、生理状态以及毒品依赖程度等,以便采取有针对性的治疗等措施。对入所戒毒人员“所携带物品”进行检查,主要是为了防止入所戒毒人员携带违禁品特别是毒品进入强制隔离戒毒场所。二是戒毒人员在进入强制隔离戒毒场所戒毒时,有义务接受对其身体和所携带物品的检查。本条规定的“戒毒人员”是指由公安机关决定强制隔离戒毒的人员,以及经公安机关同意,自愿进入强制隔离戒毒场所戒毒的人员。

关联法规

《戒毒条例》第28条

第四十三条 【强制隔离戒毒场所的职能】强制隔离戒毒场所应当根据戒毒人员吸食、注射毒品的种类及成瘾程度等,对戒毒人员进行有针对性的生理、心理治疗和身体康复训练。

根据戒毒的需要,强制隔离戒毒场所可以组织戒毒人员参加必要的生产劳动，对戒毒人员进行职业技能培训。组织戒毒人员参加生产劳动的，应当支付劳动报酬。

条文注释

"针对性"是指根据不同的麻醉药品和精神药品的特性，针对吸毒者不同的上瘾程度实施不同的治疗方法和使用不同的药物。"生理治疗"，主要是指强制隔离戒毒场所对急性脱毒阶段的戒毒人员因戒毒产生的戒断症状进行有针对性的治疗，减轻和消除其戒断症状，并预防戒毒可能产生的其他生理健康问题。"心理治疗"主要是帮助吸毒成瘾人员纠正错误认识，增强自信心、责任心和意志力，强化其戒毒动机，减少不良习惯、不良心理反应，使其能够依靠自身力量戒除毒瘾。身体康复训练包括体育训练、生活技能训练等，为其日后融入社会打下基础。生理、心理治疗和身体康复训练要针对戒毒人员的实际情况灵活运用，以提高戒毒的效果。

强制隔离戒毒场所组织戒毒人员参加生产劳动的，应当支付劳动报酬。组织戒毒人员参加生产劳动，应在戒毒人员生理脱毒后，身体无其他严重疾病的情况下逐渐进行。

关联法规

《戒毒条例》第29条

第四十四条　【强制隔离戒毒场所的管理】强制隔离戒毒场所应当根据戒毒人员的性别、年龄、患病等情况，对戒毒人员实行分别管理。

强制隔离戒毒场所对有严重残疾或者疾病的戒毒人员，应当给予必要的看护和治疗；对患有传染病的戒毒人员，应当依法采取必要的隔离、治疗措施；对可能发生自伤、自残等情形的戒毒人员，可以采取相应的保护性约束措施。

强制隔离戒毒场所管理人员不得体罚、虐待或者侮辱戒毒人员。

条文注释

“分别管理”，主要是指根据戒毒人员的性别、年龄、患病等情况，让其在不同的场所或者区域生活、劳动、接受治疗，根据其特点实施不同的管理措施等。根据“年龄”分别管理，主要是指对未成年人和成年人实行分别管理。“保护性约束措施”，只能针对可能发生自伤、自残等情形的戒毒人员，适用目的是保护戒毒人员的人身安全和健康，不是一种处罚。“管理人员”，是指在强制隔离戒毒场所中行使管理职责的工作人员。体罚、虐待、侮辱，主要是指强迫戒毒人员从事过度劳动、殴打、捆绑、冻饿、罚站、罚跪、嘲笑、辱骂、滥施械具等行为。管理人员违反本条第3款规定的行为，应负法律责任。

关联法规

《残疾人保障法》第2条

《戒毒条例》第30、31、45条

《最高人民检察院关于强制隔离戒毒所工作人员能否成为虐待被监管人罪主体问题的批复》

第四十五条 【强制隔离戒毒场所配备执业医师】强制隔离戒毒场所应当根据戒毒治疗的需要配备执业医师。强制隔离戒毒场所的执业医师具有麻醉药品和精神药品处方权的，可以按照有关技术规范对戒毒人员使用麻醉药品、精神药品。

卫生行政部门应当加强对强制隔离戒毒场所执业医师的业务指导和监督管理。

条文注释

所谓“执业医师”，是指依照《医师法》的规定，依法取得执业医师资格或者执业助理医师资格，经注册在医疗、预防、保健机构中执业的专业医务人员。强制隔离戒毒场所对戒毒人员使用麻醉药品和精神药品,必须由具有麻醉药品和精神药品处方权的执业医师进行。医疗机构应当按照国务院卫生主管部门的规定,对本单位执业医师进行有关麻醉药品和精神药品使用知识的培训、考核,经考核合格的,授予麻醉药品和第一类精神药品处方资格。执业医师取得麻醉药品和第一类精神药品的处方资格后,方可在本医疗机构开具麻醉药品和第一类精神药品处方,但不得为自己开具该种处方。执业医师在对戒毒人员使用麻醉药品、精神药品时,必须严格按照有关技术规范进行。

关联法规

《麻醉药品和精神药品管理条例》第38条

第四十六条 【探访、探视和物品检查】戒毒人员的亲属和所在单位或者就读学校的工作人员,可以按照有关规定探访戒毒人员。戒毒人员经强制隔离戒毒场所批准,可以外出探视配偶、直系亲属。

强制隔离戒毒场所管理人员应当对强制隔离戒毒场所以外的人员交给戒毒人员的物品和邮件进行检查,防止夹带毒品。在检查邮件时,应当依法保护戒毒人员的通信自由和通信秘密。

条文注释

本法针对吸毒成瘾者规定的社区戒毒和强制隔离戒毒措施不是处罚,在性质上属于教育和医疗措施,因此对强制隔离戒毒人员有关探访、探视方面的权利作出规定,这有利于使戒毒人员感受到来自家庭和社会的关心,增强其戒毒的决心和毅力。

戒毒人员的"亲属",既包括戒毒人员的夫、妻、父、母、子、女、同胞兄弟姐妹等近亲属,也包括戒毒人员的其他亲属。戒毒人员经强制隔离戒毒场所批准,可以外出探亲,外出探亲的对象只能是配偶、直系亲属，其探亲要经强制隔离戒毒场所批准，强制隔离戒毒场所应当根据申请理由、戒毒人员接受强制隔离戒毒的时间及行为表现等，作出是否批准的决定。

第四十七条　【强制隔离戒毒期限】强制隔离戒毒的期限为二年。

执行强制隔离戒毒一年后，经诊断评估，对于戒毒情况良好的戒毒人员，强制隔离戒毒场所可以提出提前解除强制隔离戒毒的意见，报强制隔离戒毒的决定机关批准。

强制隔离戒毒期满前，经诊断评估，对于需要延长戒毒期限的戒毒人员，由强制隔离戒毒场所提出延长戒毒期限的意见，报强制隔离戒毒的决定机关批准。强制隔离戒毒的期限最长可以延长一年。

条文注释

本条是关于强制隔离戒毒期限的规定。强制隔离戒毒的一般期限为2年。提前解除强制隔离戒毒的条件是：(1)在执行强制隔离戒毒1年后。若未满1年，不得解除。(2)经过诊断评估，认为戒毒人员戒毒情况良好。“诊断评估”要综合评估，包括戒毒人员本人的状况、吸毒和戒毒的动机、人格状况、家庭环境条件、吸毒和戒毒的经历、在接受强制隔离戒毒期间的表现等。诊断评估由强制隔离戒毒场所组织进行。(3)强制隔离戒毒场所对诊断评估审查后，提出提前解除强制隔离戒毒的意见。(4)报对该戒毒人员决定强制隔离戒毒的县级以上人民政府公安机关批准。

延长戒毒期限的程序与上述情况类似，强制隔离戒毒的期限最长可以延长1年，延长多少，可以根据戒毒人员的具体情况决定。

关联法规

《戒毒条例》第27、33条

《司法部关于切实加强监狱、强制戒毒所违禁物品管理的若干规定》第1条

第四十八条　【社区康复】对于被解除强制隔离戒毒的人员，强制隔离戒毒的决定机关可以责令其接受不超过三年的社区康复。

社区康复参照本法关于社区戒毒的规定实施。

条文注释

戒毒人员回到社区后，及时获得必要的帮助，戒毒成功的可能性就能大大提高。本条规定的社区康复的本质是对被解除强制隔离戒毒的人员的帮助。

社区康复的最长期限为3年，公安机关在责令戒毒人员接受社区康复时，可以根据戒毒人员在强制隔离戒毒期间的表现、巩固戒毒成果的需要等具体情况，确定其接受社会康复的期限。被解除强制隔离戒毒的人员，如果是根据本法第49条的规定自愿在戒毒康复场所生活、劳动的，不再适用社区康复。

社区康复参照本法关于社区戒毒的规定实施。社区戒毒措施与社区康复措施在适用对象和适用时间上不同。社区戒毒适用于初次吸毒，成瘾不太严重的吸毒人员；社区康复则适用于被解除强制隔离戒毒的人员。

关联法规

《戒毒条例》第37～40条

第四十九条　【戒毒康复场所】县级以上地方各级人民政府根据戒毒工作的需要，可以开办戒毒康复场所；对社会力量依法开办的公益性戒毒康复场所应当给予扶持，提供必

要的便利和帮助。

戒毒人员可以自愿在戒毒康复场所生活、劳动。戒毒康复场所组织戒毒人员参加生产劳动的，应当参照国家劳动用工制度的规定支付劳动报酬。

条文注释

戒毒康复场所可以由县级以上地方各级人民政府根据戒毒工作的需要开办，也可以由社会力量开办。社会力量依法开办公益性戒毒康复场所的，县级以上地方各级人民政府应当给予扶持，提供必要的便利和帮助，包括在开办手续、场地选择和经营过程中提供便利等。被解除强制隔离戒毒的戒毒人员自愿到戒毒康复场所生活、劳动的，强制隔离戒毒的决定机关不需要再责令其接受社区康复。

戒毒人员自愿在戒毒康复场所参加生产劳动的，应支付其劳动报酬。戒毒人员在戒毒康复场所参加生产劳动，其与戒毒康复场所之间的劳动关系主要是合同性质的，戒毒康复场所应当根据其劳动的数量和质量，参照国家劳动用工制度的规定支付劳动报酬。

关联法规

《戒毒条例》第41、42条

第五十条　【被限制人身自由人员的戒毒治疗】公安机关、司法行政部门对被依法拘留、逮捕、收监执行刑罚以及被依法采取强制性教育措施的吸毒人员，应当给予必要的戒毒治疗。

第五十一条　【药物维持治疗】省、自治区、直辖市人民政府卫生行政部门会同公安机关、药品监督管理部门依照国

家有关规定，根据巩固戒毒成果的需要和本行政区域艾滋病流行情况，可以组织开展戒毒药物维持治疗工作。

条文注释

第51条是关于开展戒毒药物维持治疗工作的规定。“戒毒药物维持治疗”，是对吸毒成瘾者选用适当的药物，以替代、递减的方法，减缓吸毒者戒断症状的痛苦，减轻吸毒者对毒品的依赖的一种治疗方法。目前，主要是指美沙酮维持治疗。美沙酮是一种合成的麻醉性镇痛药，成瘾性较吗啡小，用美沙酮维持治疗，实际上是一种两害相权取其轻的做法。美沙酮对戒断症状控制显著，脱毒治疗成功率高，能够降低因注射毒品感染艾滋病的概率，是控制海洛因成瘾者毒品滥用和艾滋病传播的有效干预措施之一。

“国家有关规定”，主要是指本法和《艾滋病防治条例》等法律、法规。“本行政区域艾滋病流行情况”，主要是指本地区艾滋病流行的原因、范围和严重程度。

关联法规

《艾滋病防治条例》第22、27条

第五十二条 【戒毒人员不受歧视】戒毒人员在入学、就业、享受社会保障等方面不受歧视。有关部门、组织和人员应当在入学、就业、享受社会保障等方面对戒毒人员给予必要的指导和帮助。

条文注释

吸毒人员既是违法者又是疾病患者，还是毒品的受害者。戒毒人员回归社会需要社会的帮助，对戒毒人员不应歧视，具体体现在入学、就业、享受社会保障等方面。在入学方面，戒毒人员如果是适龄未成年人，则应不受歧视地享有《义务教育法》所规定的受教育的权利。在接受高等教育或者其他教育方面，也享有平等的入学权利。在就业方面，戒毒人员应不受歧视地享有《就业促进法》所规定的平等就业和自主择业的权利。在社会保障方面，戒毒人员依法平等享有养老、医疗、失业等社会保障的权利。

"有关部门、组织和人员"包括地方各级人民政府特别是乡镇人民政府、城市街道办事处、教育部门、劳动行政部门以及有关社会组织、基层组织等的相关人员。

关联法规

《就业促进法》第3条

《戒毒条例》第7条

第五章　禁毒国际合作

第五十三条　【禁毒国际合作的原则】中华人民共和国根据缔结或者参加的国际条约或者按照对等原则，开展禁毒国际合作。

条文注释

毒品是人类的公敌，打击毒品违法犯罪需要国际合作。中国政府积极参与国际禁毒合作，我国于1985年加入联合国《1961年麻醉品单一公约》和《1971年精神药物公约》，于1989年加入《联合国禁止非法贩运麻醉药品和精神药物公约》。

我国进行禁毒国际合作的依据有两个：一是缔结或者参加的国际条约，包括双边或者多边的国际条约、国际公约，如前述我国参加的三个公约；二是对等原则，即与和我国没有缔结条约也没有共同参加国际公约的国家进行禁毒合作时，按照对等原则开展合作。

第五十四条　【国家禁毒委员会的国际合作职责】国家禁毒委员会根据国务院授权，负责组织开展禁毒国际合作，履行国际禁毒公约义务。

第五十五条　【毒品犯罪的司法协助】涉及追究毒品犯罪的司法协助，由司法机关依照有关法律的规定办理。

条文注释

第55条规定中的"毒品犯罪"，主要是指《刑法》分则第六章第七节所规定的有关毒品的犯罪。"司法协助"，主要是指国家间的刑事司法协助，包括代为送达司法文书、传讯证人、调查取证、引渡、刑事判决和没收令的执行、被判刑人移管、诉讼转移等。"有关法律的规定"是指《刑事诉讼法》《引渡法》等有关法律的规定。

关联法规

《刑法》第347～355条

《刑事诉讼法》第17条

《引渡法》

《国际刑事司法协助法》

第五十六条　【执法合作】国务院有关部门应当按照各自职责，加强与有关国家或者地区执法机关以及国际组织的禁毒情报信息交流，依法开展禁毒执法合作。

经国务院公安部门批准，边境地区县级以上人民政府公安机关可以与有关国家或者地区的执法机关开展执法合作。

条文注释

"国务院有关部门"，主要是指与禁毒工作密切相关的公安、卫生、海关、司法行政、交通运输、边检等部门，这些部门由于与毒品流通、贩运的监控、查验有密切关系，在禁毒执法中担当重要的角色，加强与有关国家和国际组织的禁毒情报信息交流，有利于加强禁毒执法工作。

地方人民政府公安机关可以与有关国家或者地区的执法机关开展执法合作，但限于边境地区县级以上人民政府公安机关，且要经国务院公安部门批准。

第五十七条 【涉案财物分享】通过禁毒国际合作破获毒品犯罪案件的，中华人民共和国政府可以与有关国家分享查获的非法所得、由非法所得获得的收益以及供毒品犯罪使用的财物或者财物变卖所得的款项。

条文注释

《联合国打击跨国有组织犯罪公约》对犯罪的非法所得及其收益如何处理已有相应的规定。该公约规定，缔约国可以根据本国法律或行政程序，经常地或逐案地与其他缔约国分享犯罪所得或财产或者变卖这类犯罪所得或财产所获款项。实践中，通过禁毒国际合作请求有关国家提供协助时或者在合作破获毒品犯罪后，有关国家一般会提出分享犯罪所得的要求。分享犯罪所得等涉案财物符合对等原则，本条规定为分享涉案财物提供了国内法依据，有利于顺利开展禁毒国际合作。

关联法规

《联合国禁止非法贩运麻醉药品和精神药物公约》

《联合国打击跨国有组织犯罪公约》

第五十八条 【对外援助】国务院有关部门根据国务院授权，可以通过对外援助等渠道，支持有关国家实施毒品原植物替代种植、发展替代产业。

条文注释

"替代种植"是指在毒品原植物种植较集中的区域，用种植粮食、经济作物的方法替代种植毒品原植物，以达到降低毒品产量的一种禁毒措施。

"替代产业"是指与替代种植相关的产品生产、加工、出口等行业。发展毒品替代种植和替代产业，就是要从种植根源上减少毒品供应，从源头上解决毒品问题。

实施替代种植国际合作的主体为国务院有关部门，主要是公安、农业、财政、商务等部门。上述各部门在国务院的授权范围内，通过对外援助等形式，从资金、技术、市场、关税等方面支持相关国家实施毒品原植物的替代种植、发展替代产业。目前与我国建立了替代种植合作关系的国家主要有老挝、缅甸、柬埔寨等。

第六章　法律责任

第五十九条　【毒品违法犯罪行为的法律责任】有下列行为之一，构成犯罪的，依法追究刑事责任；尚不构成犯罪的，依法给予治安管理处罚：

（一）走私、贩卖、运输、制造毒品的；

（二）非法持有毒品的；

（三）非法种植毒品原植物的；

（四）非法买卖、运输、携带、持有未经灭活的毒品原植物种子或者幼苗的；

（五）非法传授麻醉药品、精神药品或者易制毒化学品制造方法的；

（六）强迫、引诱、教唆、欺骗他人吸食、注射毒品的；

（七）向他人提供毒品的。

条文注释

本条是关于涉毒违法犯罪行为法律责任的规定。对涉毒犯罪行为应当依据《刑法》的规定追究行为人刑事责任；对涉毒违法行为应当依据《治安管理处罚法》给予行政处罚。

根据《刑法》第 347 条第 1 款的规定，走私、贩卖、运输、制造毒品，无论数量多少，都应当追究刑事责任，予以刑事处罚。

“走私”是指违反《海关法》及有关法律、行政法规，逃避海关监管，运输、携带、邮寄毒品进出境的行为。购毒者接收贩毒者通过物流寄递方式交付的毒品，没有证据证明其有实施贩卖毒品等其他犯罪的故意，毒品数量达到《刑法》第 348 条规定的最低数量标准的，一般以非法持有毒品罪定罪处罚。代收者明知物流寄递的是毒品而代购毒者接收，没有证据证明其与购毒者有实施贩卖毒品等其他犯罪的共同故意，毒品数量达到上述最低数量标准的，对代收者一般以非法持有毒品罪定罪处罚。

“贩卖”是指非法出售毒品的行为；以出售为目的收买毒品的，也属于贩卖毒品。用毒品支付劳务报酬、偿还债务或者换取其他财产性利益的，以贩卖毒品罪定罪处罚。用毒品向他人换取毒品用于贩卖的，以贩卖毒品罪定罪处罚；双方以吸食为目的互换毒品，构成非法持有毒品罪等其他犯罪的，依法定罪处罚。

“运输”是指利用飞机、火车、汽车、轮船等交通工具或者随身携带的方法，将毒品从一地运往另一地的行为。吸毒者因购买、存储毒品被查获，没有证据证明其有实施贩卖毒品等其他犯罪的故意，毒品数量达到《刑法》第 348 条规定的最低数量标准的，以非法持有毒品罪定罪处罚。吸毒者因运输毒品被查获，没有证据证明其有实施贩卖毒品等其他犯罪的故意，毒品数量达到上述最低数量标准的，一般以运输毒品罪定罪处罚。

“制造”，除传统、典型的非法利用毒品原植物直接提炼和用化学方法加工、配制毒品的行为以外，还包括以改变毒品的成分和效用为目的用物理方法加工、配制毒品的行为。为欺骗购毒者或者逃避查缉等，对毒品掺杂使假，通过物理方法使毒品溶解、混合、吸附于某种物质，或者以自用为目的对少量毒品添加其他物质、改变形态的，不认定为制造毒品。

关联法规

《刑法》第295、347～355条

《治安管理处罚法》第71～73条

第六十条　【妨害毒品查禁工作的法律责任】有下列行为之一，构成犯罪的，依法追究刑事责任；尚不构成犯罪的，依法给予治安管理处罚：

（一）包庇走私、贩卖、运输、制造毒品的犯罪分子，以及为犯罪分子窝藏、转移、隐瞒毒品或者犯罪所得财物的；

（二）在公安机关查处毒品违法犯罪活动时为违法犯罪行为人通风报信的；

（三）阻碍依法进行毒品检查的；

（四）隐藏、转移、变卖或者损毁司法机关、行政执法机关依法扣押、查封、冻结的涉及毒品违法犯罪活动的财物的。

关联法规

《刑法》第277、314、349、417条

《治安管理处罚法》第50、60、74条

第六十一条　【容留他人吸毒、介绍买卖毒品的法律责任】容留他人吸食、注射毒品或者介绍买卖毒品，构成犯罪的，依法追究刑事责任；尚不构成犯罪的，由公安机关处十日以上十五日以下拘留，可以并处三千元以下罚款；情节较轻的，处五日以下拘留或者五百元以下罚款。

条文注释

"容留"，是指为他人吸毒提供场所，包括私人住房以及酒吧、舞厅等经营场所。"介绍买卖毒品"行为应区别不同情况处理，行为人如果明知某人贩卖毒品，仍协助其寻找客源，兜售毒品，应以贩卖毒品罪的共犯论处；如果只是介绍买卖极少量的毒

品为了“过过瘾”,可以依法给予行政处罚。

实践中还存在代购毒品的情形。有关代购毒品行为的相关罪名,有以下四个方面的内容。第一,明知他人实施毒品犯罪而为其代购毒品,未从中牟利的,以相关毒品犯罪的共犯论处。

第二,代购者加价或者变相加价从中牟利的,以贩卖毒品罪定罪处罚。代购者收取、私自截留部分购毒款、毒品,或者通过在交通、食宿等开销外收取“介绍费”“劳务费”等方式从中牟利的,属于变相加价。代购者从托购者事先联系的贩毒者处,为托购者购买仅用于吸食的毒品,并收取、私自截留少量毒品供自己吸食的,一般不以贩卖毒品罪论处。

第三,没有证据证明代购者明知他人实施毒品犯罪而为其代购毒品,代购者亦未从中牟利,代购毒品数量达到《刑法》第348条规定的最低数量标准,代购者因购买、存储毒品被查获的,以非法持有毒品罪定罪处罚;因运输毒品被查获的,一般以运输毒品罪定罪处罚。

第四,对于辩称系代购毒品者,应当全面审查其所辩称的托购者、贩毒者身份,购毒目的,毒品价格及其实际获利等情况,综合判断其行为是否属于代购,并依照前述规定处理。向购毒者收取毒资并提供毒品,但购毒者无明确的托购意思表示,又没有其他证据证明存在代购行为的,一般以贩卖毒品罪定罪处罚。

关联法规

《刑法》第354条

第六十二条 【吸毒的法律责任】吸食、注射毒品的,依法给予治安管理处罚。吸毒人员主动到公安机关登记或者到有资质的医疗机构接受戒毒治疗的,不予处罚。

条文注释

本条是关于吸毒行为法律责任的规定。吸食、注射毒品不仅严重损害吸毒人员自身的身心健康,而且极易引发犯罪等社会问题。因此，对吸毒行为要进行治安处罚。但考虑到吸毒人员既是违法者，也是毒品受害者，国家对吸毒人员的基本方针是帮助、教育和挽救，因此本条倡导吸毒人员主动登记、接受戒毒治疗，对主动戒毒的吸毒人员不予处罚。

关联法规

《治安管理处罚法》第72条

第六十三条　【违反麻醉药品、精神药品以及麻醉药品药用原植物种植管制规定行为的法律责任】在麻醉药品、精神药品的实验研究、生产、经营、使用、储存、运输、进口、出口以及麻醉药品药用原植物种植活动中，违反国家规定，致使麻醉药品、精神药品或者麻醉药品药用原植物流入非法渠道，构成犯罪的，依法追究刑事责任；尚不构成犯罪的，依照有关法律、行政法规的规定给予处罚。

条文注释

本条规定的行为主体是特殊主体，即在麻醉药品、精神药品的实验研究、生产、经营、使用、储存、运输、进口、出口以及麻醉药品药用原植物种植活动中负有特定职责的人员。“致使麻醉药品、精神药品或者麻醉药品药用原植物流入非法渠道”，主要是指使麻醉药品、精神药品或者麻醉药品药用原植物被盗、被抢、丢失或者其他流入非法渠道的情形。情节严重的，应当依照《刑法》第397条玩忽职守罪处罚。本条规定的人员，违反国家规定，向吸食、注射毒品的人提供国家规定管制的能够使人形成瘾癖的麻醉药品、精神药品的，应当依照《刑法》第355条的规定处罚；如果上述行为人以牟利为目的，则应依照《刑法》第347条的规定以贩卖毒品罪定罪处罚。

上述使麻醉药品、精神药品流入非法渠道的行为尚不构成犯罪的，依照有关法律、行政法规的规定给予处罚。

关联法规

《刑法》第347、355、397条

《麻醉药品和精神药品管理条例》第82条

第六十四条 【违反易制毒化学品管制的法律责任】在易制毒化学品的生产、经营、购买、运输或者进口、出口活动中，违反国家规定，致使易制毒化学品流入非法渠道，构成犯罪的，依法追究刑事责任；尚不构成犯罪的，依照有关法律、行政法规的规定给予处罚。

条文注释

本条从刑事责任和行政责任两个方面对违反国家关于易制毒化学品管制规定的行为规定了法律责任。"构成犯罪的"，主要包括以下几种情况：一是由于玩忽职守或严重不负责任，违反有关规定和要求，使易制毒化学品被盗、被抢或者丢失，情节严重的，以玩忽职守罪处罚。二是违反国家规定，非法运输、携带醋酸酐、乙醚、三氯甲烷或者其他用于制造毒品的原料或者配剂进出境的，或者违反国家规定，在境内非法买卖上述物品的，以走私毒品罪、运输毒品罪处罚。三是如果行为人明知他人制造毒品，仍为其提供易制毒化学品，并从中盈利，则其应当作为制造毒品罪的共犯定罪处罚。

上述行为尚不构成犯罪的，依照有关法律、行政法规的规定给予处罚。

关联法规

《刑法》第347、350条

《易制毒化学品管理条例》第40条

《易制毒化学品进出口管理规定》

《易制毒化学品购销和运输管理办法》

《非药品类易制毒化学品生产、经营许可办法》

第六十五条 【娱乐场所涉毒违法犯罪行为的法律责任】娱乐场所及其从业人员实施毒品违法犯罪行为，或者为进入娱乐场所的人员实施毒品违法犯罪行为提供条件，构成犯罪的，依法追究刑事责任；尚不构成犯罪的，依照有关法律、行政法规的规定给予处罚。

娱乐场所经营管理人员明知场所内发生聚众吸食、注射毒品或者贩毒活动，不向公安机关报告的，依照前款的规定给予处罚。

条文注释

本条第1款规定了两种追究娱乐场所及其从业人员法律责任的情形：一是娱乐场所及其从业人员直接实施毒品违法犯罪活动的；二是娱乐场所及其从业人员为进入娱乐场所的人员实施毒品违法犯罪提供条件的。上述行为构成犯罪的，追究刑事责任；尚不构成犯罪的，给予治安处罚。

本条第2款是关于娱乐场所经营管理人员明知场所内有聚众吸食、注射毒品或者贩毒活动而不报告的处罚规定。"娱乐场所经营管理人员"是指娱乐场所的投资人、法定代表人、经理或者其他具体负责日常经营和管理的人员。娱乐场所的经营管理人员对于发生在本场所内的聚众吸食、注射毒品活动不报告，构成犯罪的，追究刑事责任；尚不构成犯罪的，予以行政处罚。如明知在本场所内有贩毒等犯罪活动，而包庇犯罪分子，为犯罪分子窝藏、转移、隐瞒毒品或者犯罪所得的财物的，依照《刑法》第349条的规定定罪处罚。

关联法规

《刑法》第349条

《治安管理处罚法》第74条

《娱乐场所管理条例》第14、43条

第六十六条　【非法从事戒毒治疗业务的法律责任】未经批准，擅自从事戒毒治疗业务的，由卫生行政部门责令停止违法业务活动，没收违法所得和使用的药品、医疗器械等物品；构成犯罪的，依法追究刑事责任。

条文注释

本条是关于擅自从事戒毒治疗业务的处罚规定。“擅自从事戒毒治疗业务”是指违反国家有关规定，未经依法批准而对吸毒人员进行戒毒治疗的行为。“构成犯罪”主要是指没有医生执业资格而非法行医为他人戒毒的，要依照《刑法》第336条的规定定罪处罚。没有经过批准而以戒毒治疗的名义为他人提供毒品牟利的，依照《刑法》有关毒品犯罪的规定处罚。

关联法规

《刑法》第336条

第六十七条　【戒毒医疗机构发现吸毒不报告的法律责任】戒毒医疗机构发现接受戒毒治疗的戒毒人员在治疗期间吸食、注射毒品，不向公安机关报告的，由卫生行政部门责令改正；情节严重的，责令停业整顿。

第六十八条　【违反麻醉药品、精神药品使用规定的法律责任】强制隔离戒毒场所、医疗机构、医师违反规定使用麻醉药品、精神药品，构成犯罪的，依法追究刑事责任；尚不构成犯罪的，依照有关法律、行政法规的规定给予处罚。

条文注释

强制隔离戒毒场所、医疗机构、医师违反规定使用麻醉药品、精神药品，构成犯罪的，依法追究刑事责任，如违反国家规定，向吸食、注射毒品的人提供麻醉药品或者精神药品的，应依照《刑法》第355条非法提供麻醉药品、精神药品罪的规定定罪处罚。强制隔离戒毒场所、医疗机构等单位构成犯罪的，对单位判处罚金，并对其直接负责的主管人员和其他直接责任人员依照有关规定定罪处罚。强制隔离戒毒场所、医疗机构、医师违反规定使用麻醉药品、精神药品，尚不构成犯罪的，依照有关法律、行政法规的规定给予处罚。

关联法规

《医师法》第56条

《刑法》第355条

《麻醉药品和精神药品管理条例》第39~45条

第六十九条　【禁毒工作人员违法犯罪行为的法律责任】公安机关、司法行政部门或者其他有关主管部门的工作人员在禁毒工作中有下列行为之一，构成犯罪的，依法追究刑事责任；尚不构成犯罪的，依法给予处分：

（一）包庇、纵容毒品违法犯罪人员的；

（二）对戒毒人员有体罚、虐待、侮辱等行为的；

（三）挪用、截留、克扣禁毒经费的；

（四）擅自处分查获的毒品和扣押、查封、冻结的涉及毒品违法犯罪活动的财物的。

条文注释

“包庇、纵容毒品违法犯罪”，主要是指有关主管部门的工作人员在禁毒工作中发现毒品违法犯罪行为而不查处，以窝藏毒品违法犯罪人员或者做假证明等方式，帮助毒品违法犯罪人员逃避法律追究的行为。包庇、纵容毒品违法犯罪人员构成犯罪的，依照《刑法》第349条、第417条的规定定罪处罚。对戒毒人员有体罚、虐待、侮辱等行为，构成犯罪的，可分别依照《刑法》第234条故意伤害罪、第248条虐待被监管人罪等处罚。挪用、截留、克扣禁毒经费或擅自处分查获的毒品和扣押、查封、冻结的涉及毒品违法犯罪活动的财物，构成犯罪的，可依照《刑法》

第384条挪用公款罪、第383条贪污罪追究刑事责任。上述各项行为尚不构成犯罪的,依照《治安管理处罚法》等法律法规给予处分。

关联法规

《刑法》第234、248、349、383、384、417条

《治安管理处罚法》第11条

第七十条 【歧视戒毒人员的法律责任】有关单位及其工作人员在入学、就业、享受社会保障等方面歧视戒毒人员的,由教育行政部门、劳动行政部门责令改正;给当事人造成损失的,依法承担赔偿责任。

条文注释

“给当事人造成损失”是指有关单位及其工作人员在入学、就业、享受社会保障等方面歧视戒毒人员而给戒毒人员造成入学、就业、享受社会保障方面的损失,这一损失包括已经遭受的直接的经济损失、机会损失,以及未来必然的经济损失、机会损失,不包括间接损失或可能的损失。

承担赔偿责任包括经济赔偿和机会上的补偿。

第七章 附 则

第七十一条 【施行日期】本法自2008年6月1日起施行。《全国人民代表大会常务委员会关于禁毒的决定》同时废止。

条文注释

本法于2007年12月29日由第十届全国人民代表大会常务委员会第三十一次会议通过,自2008年6月1日起施行,从通

过到施行有半年时间,这是为了有关方面利用这段时间做好本法实施的各项准备,对本法进行必要的宣传学习,制定配套规定等,以保证本法的贯彻实施。1990 年通过的《全国人民代表大会常务委员会关于禁毒的决定》,对于涉及毒品的违法犯罪行为作了详细的规定。1997 年修订《刑法》时,该决定中有关刑事责任的规定已被纳入《刑法》,自修订的《刑法》施行之日起,应当适用《刑法》的规定,该决定中有关行政处罚和行政措施的规定继续有效。本法实施以后,该决定中有关行政处罚和行政措施的规定已被纳入本法,因此,自本法实施之日起,该决定予以废止。

关联法规

《立法法》第 61 条

《刑法》第 452 条

附　录

一、行 政 管 理

中华人民共和国
治安管理处罚法（节录）

（2005 年 8 月 28 日第十届全国人民代表大会常务委员会第十七次会议通过　根据2012 年 10 月 26 日第十一届全国人民代表大会常务委员会第二十九次会议《关于修改〈中华人民共和国治安管理处罚法〉的决定》修正）

第十一条　【查获违禁品、工具和违法所得财物的处理】办理治安案件所查获的毒品、淫秽物品等违禁品，赌具、赌资，吸食、注射毒品的用具以及直接用于实施违反治安管理行为的本人所有的工具，应当收缴，按照规定处理。

违反治安管理所得的财物，追缴退还被侵害人；没有被侵害人的，登记造册，公开拍卖或者按照国家有关规定处理，所得款项上缴国库。

第五十条　【对拒不执行紧急状态决定、命令和阻碍执行公务的处罚】有下列行为之一的，处警告或者二百元以下罚款；情节严重的，处五日以上十日以下拘留，可以并处五百元以下罚款：

（一）拒不执行人民政府在紧急状态情况下依法发布的决定、命令的；

(二)阻碍国家机关工作人员依法执行职务的；

(三)阻碍执行紧急任务的消防车、救护车、工程抢险车、警车等车辆通行的；

(四)强行冲闯公安机关设置的警戒带、警戒区的。

阻碍人民警察依法执行职务的,从重处罚。

第六十条 【对妨害执法秩序的处罚】有下列行为之一的,处五日以上十日以下拘留,并处二百元以上五百元以下罚款：

(一)隐藏、转移、变卖或者损毁行政执法机关依法扣押、查封、冻结的财物的；

(二)伪造、隐匿、毁灭证据或者提供虚假证言、谎报案情,影响行政执法机关依法办案的；

(三)明知是赃物而窝藏、转移或者代为销售的；

(四)被依法执行管制、剥夺政治权利或者在缓刑、暂予监外执行中的罪犯或者被依法采取刑事强制措施的人,有违反法律、行政法规或者国务院有关部门的监督管理规定的行为。

第七十一条 【涉及毒品原植物的行为及处罚】有下列行为之一的,处十日以上十五日以下拘留,可以并处三千元以下罚款;情节较轻的,处五日以下拘留或者五百元以下罚款：

(一)非法种植罂粟不满五百株或者其他少量毒品原植物的；

(二)非法买卖、运输、携带、持有少量未经灭活的罂粟等毒品原植物种子或者幼苗的；

(三)非法运输、买卖、储存、使用少量罂粟壳的。

有前款第一项行为,在成熟前自行铲除的,不予处罚。

第七十二条 【毒品违法行为及处罚】有下列行为之一的,处十日以上十五日以下拘留,可以并处二千元以下罚款;情节较轻的,处五日以下拘留或者五百元以下罚款：

(一)非法持有鸦片不满二百克、海洛因或者甲基苯丙胺不满十克或者其他少量毒品的；

（二）向他人提供毒品的；

（三）吸食、注射毒品的；

（四）胁迫、欺骗医务人员开具麻醉药品、精神药品的。

第七十三条 【对教唆、引诱、欺骗他人吸食、注射毒品的处罚】 教唆、引诱、欺骗他人吸食、注射毒品的，处十日以上十五日以下拘留，并处五百元以上二千元以下罚款。

第七十四条 【对服务行业人员通风报信行为的处罚】 旅馆业、饮食服务业、文化娱乐业、出租汽车业等单位的人员，在公安机关查处吸毒、赌博、卖淫、嫖娼活动时，为违法犯罪行为人通风报信的，处十日以上十五日以下拘留。

戒毒条例

（2011 年 6 月 26 日国务院令第 597 号公布 根据 2018 年 9 月 18 日国务院令第 703 号《关于修改部分行政法规的决定》修订）

第一章 总 则

第一条 为了规范戒毒工作，帮助吸毒成瘾人员戒除毒瘾，维护社会秩序，根据《中华人民共和国禁毒法》，制定本条例。

第二条 县级以上人民政府应当建立政府统一领导，禁毒委员会组织、协调、指导，有关部门各负其责，社会力量广泛参与的戒毒工作体制。

戒毒工作坚持以人为本、科学戒毒、综合矫治、关怀救助的原则，采取自愿戒毒、社区戒毒、强制隔离戒毒、社区康复等多种措施，建立戒毒治疗、康复指导、救助服务兼备的工作体系。

第三条 县级以上人民政府应当按照国家有关规定将戒毒工作所需经费列入本级财政预算。

第四条 县级以上地方人民政府设立的禁毒委员会可以组织公安机关、卫生行政和负责药品监督管理的部门开展吸毒监测、调查，并向社会公开监测、调查结果。

县级以上地方人民政府公安机关负责对涉嫌吸毒人员进行检测，对吸毒人员进行登记并依法实行动态管控，依法责令社区戒毒、决定强制隔离戒毒、责令社区康复，管理公安机关的强制隔离戒毒场所、戒毒康复场所，对社区戒毒、社区康复工作提供指导和支持。

设区的市级以上地方人民政府司法行政部门负责管理司法行政部门的强制隔离戒毒场所、戒毒康复场所，对社区戒毒、社区康复工作提供指导和支持。

县级以上地方人民政府卫生行政部门负责戒毒医疗机构的监督管理，会同公安机关、司法行政等部门制定戒毒医疗机构设置规划，对戒毒医疗服务提供指导和支持。

县级以上地方人民政府民政、人力资源社会保障、教育等部门依据各自的职责，对社区戒毒、社区康复工作提供康复和职业技能培训等指导和支持。

第五条 乡（镇）人民政府、城市街道办事处负责社区戒毒、社区康复工作。

第六条 县级、设区的市级人民政府需要设置强制隔离戒毒场所、戒毒康复场所的，应当合理布局，报省、自治区、直辖市人民政府批准，并纳入当地国民经济和社会发展规划。

强制隔离戒毒场所、戒毒康复场所的建设标准，由国务院建设部门、发展改革部门会同国务院公安部门、司法行政部门制定。

第七条 戒毒人员在入学、就业、享受社会保障等方面不受歧视。

对戒毒人员戒毒的个人信息应当依法予以保密。对戒断 3 年未复吸的人员,不再实行动态管控。

第八条 国家鼓励、扶持社会组织、企业、事业单位和个人参与戒毒科研、戒毒社会服务和戒毒社会公益事业。

对在戒毒工作中有显著成绩和突出贡献的,按照国家有关规定给予表彰、奖励。

第二章 自 愿 戒 毒

第九条 国家鼓励吸毒成瘾人员自行戒除毒瘾。吸毒人员可以自行到戒毒医疗机构接受戒毒治疗。对自愿接受戒毒治疗的吸毒人员,公安机关对其原吸毒行为不予处罚。

第十条 戒毒医疗机构应当与自愿戒毒人员或者其监护人签订自愿戒毒协议,就戒毒方法、戒毒期限、戒毒的个人信息保密、戒毒人员应当遵守的规章制度、终止戒毒治疗的情形等作出约定,并应当载明戒毒疗效、戒毒治疗风险。

第十一条 戒毒医疗机构应当履行下列义务:

(一)对自愿戒毒人员开展艾滋病等传染病的预防、咨询教育;

(二)对自愿戒毒人员采取脱毒治疗、心理康复、行为矫治等多种治疗措施,并应当符合国务院卫生行政部门制定的戒毒治疗规范;

(三)采用科学、规范的诊疗技术和方法,使用的药物、医院制剂、医疗器械应当符合国家有关规定;

(四)依法加强药品管理,防止麻醉药品、精神药品流失滥用。

第十二条 符合参加戒毒药物维持治疗条件的戒毒人员,由本人申请,并经登记,可以参加戒毒药物维持治疗。登记参加戒毒药物维持治疗的戒毒人员的信息应当及时报公安机关备案。

戒毒药物维持治疗的管理办法,由国务院卫生行政部门会同国务院公安部门、药品监督管理部门制定。

第三章 社区戒毒

第十三条 对吸毒成瘾人员，县级、设区的市级人民政府公安机关可以责令其接受社区戒毒，并出具责令社区戒毒决定书，送达本人及其家属，通知本人户籍所在地或者现居住地乡（镇）人民政府、城市街道办事处。

第十四条 社区戒毒人员应当自收到责令社区戒毒决定书之日起15日内到社区戒毒执行地乡（镇）人民政府、城市街道办事处报到，无正当理由逾期不报到的，视为拒绝接受社区戒毒。

社区戒毒的期限为3年，自报到之日起计算。

第十五条 乡（镇）人民政府、城市街道办事处应当根据工作需要成立社区戒毒工作领导小组，配备社区戒毒专职工作人员，制定社区戒毒工作计划，落实社区戒毒措施。

第十六条 乡（镇）人民政府、城市街道办事处，应当在社区戒毒人员报到后及时与其签订社区戒毒协议，明确社区戒毒的具体措施、社区戒毒人员应当遵守的规定以及违反社区戒毒协议应承担的责任。

第十七条 社区戒毒专职工作人员、社区民警、社区医务人员、社区戒毒人员的家庭成员以及禁毒志愿者共同组成社区戒毒工作小组具体实施社区戒毒。

第十八条 乡（镇）人民政府、城市街道办事处和社区戒毒工作小组应当采取下列措施管理、帮助社区戒毒人员：

（一）戒毒知识辅导；

（二）教育、劝诫；

（三）职业技能培训，职业指导，就学、就业、就医援助；

（四）帮助戒毒人员戒除毒瘾的其他措施。

第十九条 社区戒毒人员应当遵守下列规定：

（一）履行社区戒毒协议；

（二）根据公安机关的要求，定期接受检测；

（三）离开社区戒毒执行地所在县（市、区）3 日以上的，须书面报告。

第二十条 社区戒毒人员在社区戒毒期间，逃避或者拒绝接受检测 3 次以上，擅自离开社区戒毒执行地所在县（市、区）3 次以上或者累计超过 30 日的，属于《中华人民共和国禁毒法》规定的“严重违反社区戒毒协议”。

第二十一条 社区戒毒人员拒绝接受社区戒毒，在社区戒毒期间又吸食、注射毒品，以及严重违反社区戒毒协议的，社区戒毒专职工作人员应当及时向当地公安机关报告。

第二十二条 社区戒毒人员的户籍所在地或者现居住地发生变化，需要变更社区戒毒执行地的，社区戒毒执行地乡（镇）人民政府、城市街道办事处应当将有关材料转送至变更后的乡（镇）人民政府、城市街道办事处。

社区戒毒人员应当自社区戒毒执行地变更之日起 15 日内前往变更后的乡（镇）人民政府、城市街道办事处报到，社区戒毒时间自报到之日起连续计算。

变更后的乡（镇）人民政府、城市街道办事处，应当按照本条例第十六条的规定，与社区戒毒人员签订新的社区戒毒协议，继续执行社区戒毒。

第二十三条 社区戒毒自期满之日起解除。社区戒毒执行地公安机关应当出具解除社区戒毒通知书送达社区戒毒人员本人及其家属，并在 7 日内通知社区戒毒执行地乡（镇）人民政府、城市街道办事处。

第二十四条 社区戒毒人员被依法收监执行刑罚、采取强制性教育措施的，社区戒毒终止。

社区戒毒人员被依法拘留、逮捕的，社区戒毒中止，由羁押场所给予必要的戒毒治疗，释放后继续接受社区戒毒。

第四章 强制隔离戒毒

第二十五条 吸毒成瘾人员有《中华人民共和国禁毒法》第三十八条第一款所列情形之一的，由县级、设区的市级人民政府公安机关作出强制隔离戒毒的决定。

对于吸毒成瘾严重，通过社区戒毒难以戒除毒瘾的人员，县级、设区的市级人民政府公安机关可以直接作出强制隔离戒毒的决定。

吸毒成瘾人员自愿接受强制隔离戒毒的，经强制隔离戒毒场所所在地县级、设区的市级人民政府公安机关同意，可以进入强制隔离戒毒场所戒毒。强制隔离戒毒场所应当与其就戒毒治疗期限、戒毒治疗措施等作出约定。

第二十六条 对依照《中华人民共和国禁毒法》第三十九条第一款规定不适用强制隔离戒毒的吸毒成瘾人员，县级、设区的市级人民政府公安机关应当作出社区戒毒的决定，依照本条例第三章的规定进行社区戒毒。

第二十七条 强制隔离戒毒的期限为 2 年，自作出强制隔离戒毒决定之日起计算。

被强制隔离戒毒的人员在公安机关的强制隔离戒毒场所执行强制隔离戒毒 3 个月至 6 个月后，转至司法行政部门的强制隔离戒毒场所继续执行强制隔离戒毒。

执行前款规定不具备条件的省、自治区、直辖市，由公安机关和司法行政部门共同提出意见报省、自治区、直辖市人民政府决定具体执行方案，但在公安机关的强制隔离戒毒场所执行强制隔离戒毒的时间不得超过 12 个月。

第二十八条 强制隔离戒毒场所对强制隔离戒毒人员的身体和携带物品进行检查时发现的毒品等违禁品，应当依法处理；对生活必需品以外的其他物品，由强制隔离戒毒场所代为保管。

女性强制隔离戒毒人员的身体检查，应当由女性工作人员进行。

第二十九条 强制隔离戒毒场所设立戒毒医疗机构应当经所在地省、自治区、直辖市人民政府卫生行政部门批准。强制隔离戒毒场所应当配备设施设备及必要的管理人员，依法为强制隔离戒毒人员提供科学规范的戒毒治疗、心理治疗、身体康复训练和卫生、道德、法制教育，开展职业技能培训。

第三十条 强制隔离戒毒场所应当根据强制隔离戒毒人员的性别、年龄、患病等情况对强制隔离戒毒人员实行分别管理；对吸食不同种类毒品的，应当有针对性地采取必要的治疗措施；根据戒毒治疗的不同阶段和强制隔离戒毒人员的表现，实行逐步适应社会的分级管理。

第三十一条 强制隔离戒毒人员患严重疾病，不出所治疗可能危及生命的，经强制隔离戒毒场所主管机关批准，并报强制隔离戒毒决定机关备案，强制隔离戒毒场所可以允许其所外就医。所外就医的费用由强制隔离戒毒人员本人承担。

所外就医期间，强制隔离戒毒期限连续计算。对于健康状况不再适宜回所执行强制隔离戒毒的，强制隔离戒毒场所应当向强制隔离戒毒决定机关提出变更为社区戒毒的建议，强制隔离戒毒决定机关应当自收到建议之日起7日内，作出是否批准的决定。经批准变更为社区戒毒的，已执行的强制隔离戒毒期限折抵社区戒毒期限。

第三十二条 强制隔离戒毒人员脱逃的，强制隔离戒毒场所应当立即通知所在地县级人民政府公安机关，并配合公安机关追回脱逃人员。被追回的强制隔离戒毒人员应当继续执行强制隔离戒毒，脱逃期间不计入强制隔离戒毒期限。被追回的强制隔离戒毒人员不得提前解除强制隔离戒毒。

第三十三条 对强制隔离戒毒场所依照《中华人民共和国禁毒法》第四十七条第二款、第三款规定提出的提前解除强制隔离戒毒、延长戒毒期限的意见，强制隔离戒毒决定机关应当自收到意见之日起7日内，作出是否批准的决定。对提前解除强制隔离戒毒或者延长强制隔离戒毒期限的，批准机关应当出具提前解除强制隔离戒毒决定书或者延长强制隔离戒毒期限决定书，送达被决定人，并在送达后24小时以内通知被决定人的家属、所在单位以及其户籍所在地或者现居住地公安派出所。

第三十四条 解除强制隔离戒毒的，强制隔离戒毒场所应当在解除强制隔离戒毒3日前通知强制隔离戒毒决定机关，出具解除强制隔离戒毒证明书送达戒毒人员本人，并通知其家属、所在单位、其户籍所在地或者现居住地公安派出所将其领回。

第三十五条 强制隔离戒毒诊断评估办法由国务院公安部门、司法行政部门会同国务院卫生行政部门制定。

第三十六条 强制隔离戒毒人员被依法收监执行刑罚、采取强制性教育措施或者被依法拘留、逮捕的，由监管场所、羁押场所给予必要的戒毒治疗，强制隔离戒毒的时间连续计算；刑罚执行完毕时、解除强制性教育措施时或者释放时强制隔离戒毒尚未期满的，继续执行强制隔离戒毒。

第五章 社区康复

第三十七条 对解除强制隔离戒毒的人员，强制隔离戒毒的决定机关可以责令其接受不超过3年的社区康复。

社区康复在当事人户籍所在地或者现居住地乡（镇）人民政府、城市街道办事处执行，经当事人同意，也可以在戒毒康复场所中执行。

第三十八条 被责令接受社区康复的人员，应当自收到责令社区康复决定书之日起15日内到户籍所在地或者现居住地乡（镇）人民政府、城市街道办事处报到，签订社区康复协议。

被责令接受社区康复的人员拒绝接受社区康复或者严重违反社区康复协议，并再次吸食、注射毒品被决定强制隔离戒毒的，强制隔离戒毒不得提前解除。

第三十九条 负责社区康复工作的人员应当为社区康复人员提供必要的心理治疗和辅导、职业技能培训、职业指导以及就学、就业、就医援助。

第四十条　社区康复自期满之日起解除。社区康复执行地公安机关出具解除社区康复通知书送达社区康复人员本人及其家属，并在7日内通知社区康复执行地乡(镇)人民政府、城市街道办事处。

第四十一条　自愿戒毒人员、社区戒毒、社区康复的人员可以自愿与戒毒康复场所签订协议，到戒毒康复场所戒毒康复、生活和劳动。

戒毒康复场所应当配备必要的管理人员和医务人员，为戒毒人员提供戒毒康复、职业技能培训和生产劳动条件。

第四十二条　戒毒康复场所应当加强管理，严禁毒品流入，并建立戒毒康复人员自我管理、自我教育、自我服务的机制。

戒毒康复场所组织戒毒人员参加生产劳动，应当参照国家劳动用工制度的规定支付劳动报酬。

第六章　法律责任

第四十三条　公安、司法行政、卫生行政等有关部门工作人员泄露戒毒人员个人信息的，依法给予处分；构成犯罪的，依法追究刑事责任。

第四十四条　乡(镇)人民政府、城市街道办事处负责社区戒毒、社区康复工作的人员有下列行为之一的，依法给予处分：

(一)未与社区戒毒、社区康复人员签订社区戒毒、社区康复协议，不落实社区戒毒、社区康复措施的；

(二)不履行本条例第二十一条规定的报告义务的；

(三)其他不履行社区戒毒、社区康复监督职责的行为。

第四十五条　强制隔离戒毒场所的工作人员有下列行为之一的，依法给予处分；构成犯罪的，依法追究刑事责任：

(一)侮辱、虐待、体罚强制隔离戒毒人员的；

(二)收受、索要财物的；

(三)擅自使用、损毁、处理没收或者代为保管的财物的；

(四)为强制隔离戒毒人员提供麻醉药品、精神药品或者违反规定传递其他物品的；

（五）在强制隔离戒毒诊断评估工作中弄虚作假的；

（六）私放强制隔离戒毒人员的；

（七）其他徇私舞弊、玩忽职守、不履行法定职责的行为。

第七章 附 则

第四十六条 本条例自公布之日起施行。1995 年 1 月 12 日国务院发布的《强制戒毒办法》同时废止。

易制毒化学品管理条例

（2005 年 8 月 26 日国务院令第 445 号公布 根据 2014 年 7 月 29 日国务院令第 653 号《关于修改部分行政法规的决定》第一次修订 根据 2016 年 2 月 6 日国务院令第 666 号《关于修改部分行政法规的决定》第二次修订 根据 2018 年 9 月 18 日国务院令第 703 号《关于修改部分行政法规的决定》第三次修订）

第一章 总 则

第一条 为了加强易制毒化学品管理，规范易制毒化学品的生产、经营、购买、运输和进口、出口行为，防止易制毒化学品被用于制造毒品，维护经济和社会秩序，制定本条例。

第二条 国家对易制毒化学品的生产、经营、购买、运输和进口、出口实行分类管理和许可制度。

易制毒化学品分为三类。第一类是可以用于制毒的主要原料，第二类、第三类是可以用于制毒的化学配剂。易制毒化学品的具体分类和品种，由本条例附表列示。

易制毒化学品的分类和品种需要调整的，由国务院公安部门会同国务院药品监督管理部门、安全生产监督管理部门、商务主管部门、卫生主管部门和海关总署提出方案，报国务院批准。

省、自治区、直辖市人民政府认为有必要在本行政区域内调整分类或者增加本条例规定以外的品种的，应当向国务院公安部门提出，由国务院公安部门会同国务院有关行政主管部门提出方案，报国务院批准。

第三条 国务院公安部门、药品监督管理部门、安全生产监督管理部门、商务主管部门、卫生主管部门、海关总署、价格主管部门、铁路主管部门、交通主管部门、市场监督管理部门、生态环境主管部门在各自的职责范围内，负责全国的易制毒化学品有关管理工作；县级以上地方各级人民政府有关行政主管部门在各自的职责范围内，负责本行政区域内的易制毒化学品有关管理工作。

县级以上地方各级人民政府应当加强对易制毒化学品管理工作的领导，及时协调解决易制毒化学品管理工作中的问题。

第四条 易制毒化学品的产品包装和使用说明书，应当标明产品的名称（含学名和通用名）、化学分子式和成分。

第五条 易制毒化学品的生产、经营、购买、运输和进口、出口，除应当遵守本条例的规定外，属于药品和危险化学品的，还应当遵守法律、其他行政法规对药品和危险化学品的有关规定。

禁止走私或者非法生产、经营、购买、转让、运输易制毒化学品。

禁止使用现金或者实物进行易制毒化学品交易。但是，个人合法购买第一类中的药品类易制毒化学品药品制剂和第三类易制毒化学品的除外。

生产、经营、购买、运输和进口、出口易制毒化学品的单位，应当建立单位内部易制毒化学品管理制度。

第六条 国家鼓励向公安机关等有关行政主管部门举报涉及易制毒化学品的违法行为。接到举报的部门应当为举报者保密。对举报属实的，县级以上人民政府及有关行政主管部门应当给予奖励。

第二章 生产、经营管理

第七条 申请生产第一类易制毒化学品，应当具备下列条件，并经本条例第八条规定的行政主管部门审批，取得生产许可证后，方可进行生产：

（一）属依法登记的化工产品生产企业或者药品生产企业；

（二）有符合国家标准的生产设备、仓储设施和污染物处理设施；

（三）有严格的安全生产管理制度和环境突发事件应急预案；

（四）企业法定代表人和技术、管理人员具有安全生产和易制毒化学品的有关知识，无毒品犯罪记录；

（五）法律、法规、规章规定的其他条件。

申请生产第一类中的药品类易制毒化学品，还应当在仓储场所等重点区域设置电视监控设施以及与公安机关联网的报警装置。

第八条 申请生产第一类中的药品类易制毒化学品的，由省、自治区、直辖市人民政府药品监督管理部门审批；申请生产第一类中的非药品类易制毒化学品的，由省、自治区、直辖市人民政府安全生产监督管理部门审批。

前款规定的行政主管部门应当自收到申请之日起60日内，对申请人提交的申请材料进行审查。对符合规定的，发给生产许可证，或者在企业已经取得的有关生产许可证件上标注；不予许可的，应当书面说明理由。

审查第一类易制毒化学品生产许可申请材料时，根据需要，可以进行实地核查和专家评审。

第九条　申请经营第一类易制毒化学品，应当具备下列条件，并经本条例第十条规定的行政主管部门审批，取得经营许可证后，方可进行经营：

（一）属依法登记的化工产品经营企业或者药品经营企业；

（二）有符合国家规定的经营场所，需要储存、保管易制毒化学品的，还应当有符合国家技术标准的仓储设施；

（三）有易制毒化学品的经营管理制度和健全的销售网络；

（四）企业法定代表人和销售、管理人员具有易制毒化学品的有关知识，无毒品犯罪记录；

（五）法律、法规、规章规定的其他条件。

第十条　申请经营第一类中的药品类易制毒化学品的，由省、自治区、直辖市人民政府药品监督管理部门审批；申请经营第一类中的非药品类易制毒化学品的，由省、自治区、直辖市人民政府安全生产监督管理部门审批。

前款规定的行政主管部门应当自收到申请之日起30日内，对申请人提交的申请材料进行审查。对符合规定的，发给经营许可证，或者在企业已经取得的有关经营许可证件上标注；不予许可的，应当书面说明理由。

审查第一类易制毒化学品经营许可申请材料时，根据需要，可以进行实地核查。

第十一条　取得第一类易制毒化学品生产许可或者依照本条例第十三条第一款规定已经履行第二类、第三类易制毒化学品备案手续的生产企业，可以经销自产的易制毒化学品。但是，在厂外设立销售网点经销第一类易制毒化学品的，应当依照本条例的规定取得经营许可。

第一类中的药品类易制毒化学品药品单方制剂，由麻醉药品定点经营企业经销，且不得零售。

第十二条　取得第一类易制毒化学品生产、经营许可的企业，应当凭生产、经营许可证到市场监督管理部门办理经营范围变更登记。未经变更登记，不得进行第一类易制毒化学品的生产、经营。

第一类易制毒化学品生产、经营许可证被依法吊销的，行政主管部门应当自作出吊销决定之日起5日内通知市场监督管理部门；被吊销许可证的企业，应当及时到市场监督管理部门办理经营范围变更或者企业注销登记。

第十三条　生产第二类、第三类易制毒化学品的，应当自生产之日起30日内，将生产的品种、数量等情况，向所在地的设区的市级人民政府安全生产监督管理部门备案。

经营第二类易制毒化学品的，应当自经营之日起30日内，将经营的品种、数量、主要流向等情况，向所在地的设区的市级人民政府安全生产监督管理部门备案；经营第三类易制毒化学品的，应当自经营之日起30日内，将经营的品种、数量、主要流向等情况，向所在地的县级人民政府安全生产监督管理部门备案。

前两款规定的行政主管部门应当于收到备案材料的当日发给备案证明。

第三章　购买管理

第十四条　申请购买第一类易制毒化学品，应当提交下列证件，经本条例第十五条规定的行政主管部门审批，取得购买许可证：

（一）经营企业提交企业营业执照和合法使用需要证明；

（二）其他组织提交登记证书（成立批准文件）和合法使用需要证明。

第十五条　申请购买第一类中的药品类易制毒化学品的，由所在地的省、自治区、直辖市人民政府药品监督管理部门审批；申请购买第一类中的非药品类易制毒化学品的，由所在地的省、自治区、直辖市人民政府公安机关审批。

前款规定的行政主管部门应当自收到申请之日起10日内，对申请人提交的申请材料和证件进行审查。对符合规定的,发给购买许可证;不予许可的,应当书面说明理由。

审查第一类易制毒化学品购买许可申请材料时,根据需要,可以进行实地核查。

第十六条 持有麻醉药品、第一类精神药品购买印鉴卡的医疗机构购买第一类中的药品类易制毒化学品的,无须申请第一类易制毒化学品购买许可证。

个人不得购买第一类、第二类易制毒化学品。

第十七条 购买第二类、第三类易制毒化学品的,应当在购买前将所需购买的品种、数量,向所在地的县级人民政府公安机关备案。个人自用购买少量高锰酸钾的,无须备案。

第十八条 经营单位销售第一类易制毒化学品时,应当查验购买许可证和经办人的身份证明。对委托代购的,还应当查验购买人持有的委托文书。

经营单位在查验无误、留存上述证明材料的复印件后,方可出售第一类易制毒化学品;发现可疑情况的,应当立即向当地公安机关报告。

第十九条 经营单位应当建立易制毒化学品销售台账,如实记录销售的品种、数量、日期、购买方等情况。销售台账和证明材料复印件应当保存2年备查。

第一类易制毒化学品的销售情况,应当自销售之日起5日内报当地公安机关备案;第一类易制毒化学品的使用单位,应当建立使用台账,并保存2年备查。

第二类、第三类易制毒化学品的销售情况,应当自销售之日起30日内报当地公安机关备案。

第四章 运输管理

第二十条 跨设区的市级行政区域(直辖市为跨市界)或者在国

务院公安部门确定的禁毒形势严峻的重点地区跨县级行政区域运输第一类易制毒化学品的，由运出地的设区的市级人民政府公安机关审批；运输第二类易制毒化学品的，由运出地的县级人民政府公安机关审批。经审批取得易制毒化学品运输许可证后，方可运输。

运输第三类易制毒化学品的，应当在运输前向运出地的县级人民政府公安机关备案。公安机关应当于收到备案材料的当日发给备案证明。

第二十一条　申请易制毒化学品运输许可，应当提交易制毒化学品的购销合同，货主是企业的，应当提交营业执照；货主是其他组织的，应当提交登记证书（成立批准文件）；货主是个人的，应当提交其个人身份证明。经办人还应当提交本人的身份证明。

公安机关应当自收到第一类易制毒化学品运输许可申请之日起10日内，收到第二类易制毒化学品运输许可申请之日起3日内，对申请人提交的申请材料进行审查。对符合规定的，发给运输许可证；不予许可的，应当书面说明理由。

审查第一类易制毒化学品运输许可申请材料时，根据需要，可以进行实地核查。

第二十二条　对许可运输第一类易制毒化学品的，发给一次有效的运输许可证。

对许可运输第二类易制毒化学品的，发给3个月有效的运输许可证；6个月内运输安全状况良好的，发给12个月有效的运输许可证。

易制毒化学品运输许可证应当载明拟运输的易制毒化学品的品种、数量、运入地、货主及收货人、承运人情况以及运输许可证种类。

第二十三条　运输供教学、科研使用的100克以下的麻黄素样品和供医疗机构制剂配方使用的小包装麻黄素以及医疗机构或者麻醉药品经营企业购买麻黄素片剂6万片以下、注射剂1.5万支以下，货主或者承运人持有依法取得的购买许可证明或者麻醉药品调拨单的，无须申请易制毒化学品运输许可。

第二十四条 接受货主委托运输的，承运人应当查验货主提供的运输许可证或者备案证明，并查验所运货物与运输许可证或者备案证明载明的易制毒化学品品种等情况是否相符；不相符的，不得承运。

运输易制毒化学品，运输人员应当自启运起全程携带运输许可证或者备案证明。公安机关应当在易制毒化学品的运输过程中进行检查。

运输易制毒化学品，应当遵守国家有关货物运输的规定。

第二十五条 因治疗疾病需要，患者、患者近亲属或者患者委托的人凭医疗机构出具的医疗诊断书和本人的身份证明，可以随身携带第一类中的药品类易制毒化学品药品制剂，但是不得超过医用单张处方的最大剂量。

医用单张处方最大剂量，由国务院卫生主管部门规定、公布。

第五章 进口、出口管理

第二十六条 申请进口或者出口易制毒化学品，应当提交下列材料，经国务院商务主管部门或者其委托的省、自治区、直辖市人民政府商务主管部门审批，取得进口或者出口许可证后，方可从事进口、出口活动：

（一）对外贸易经营者备案登记证明复印件；

（二）营业执照副本；

（三）易制毒化学品生产、经营、购买许可证或者备案证明；

（四）进口或者出口合同（协议）副本；

（五）经办人的身份证明。

申请易制毒化学品出口许可的，还应当提交进口方政府主管部门出具的合法使用易制毒化学品的证明或者进口方合法使用的保证文件。

第二十七条 受理易制毒化学品进口、出口申请的商务主管部门应当自收到申请材料之日起20日内,对申请材料进行审查,必要时可以进行实地核查。对符合规定的,发给进口或者出口许可证;不予许可的,应当书面说明理由。

对进口第一类中的药品类易制毒化学品的,有关的商务主管部门在作出许可决定前,应当征得国务院药品监督管理部门的同意。

第二十八条　麻黄素等属于重点监控物品范围的易制毒化学品,由国务院商务主管部门会同国务院有关部门核定的企业进口、出口。

第二十九条　国家对易制毒化学品的进口、出口实行国际核查制度。易制毒化学品国际核查目录及核查的具体办法,由国务院商务主管部门会同国务院公安部门规定、公布。

国际核查所用时间不计算在许可期限之内。

对向毒品制造、贩运情形严重的国家或者地区出口易制毒化学品以及本条例规定品种以外的化学品的,可以在国际核查措施以外实施其他管制措施,具体办法由国务院商务主管部门会同国务院公安部门、海关总署等有关部门规定、公布。

第三十条　进口、出口或者过境、转运、通运易制毒化学品的,应当如实向海关申报,并提交进口或者出口许可证。海关凭许可证办理通关手续。

易制毒化学品在境外与保税区、出口加工区等海关特殊监管区域、保税场所之间进出的,适用前款规定。

易制毒化学品在境内与保税区、出口加工区等海关特殊监管区域、保税场所之间进出的,或者在上述海关特殊监管区域、保税场所之间进出的,无须申请易制毒化学品进口或者出口许可证。

进口第一类中的药品类易制毒化学品,还应当提交药品监督管理部门出具的进口药品通关单。

第三十一条　进出境人员随身携带第一类中的药品类易制毒化学品药品制剂和高锰酸钾,应当以自用且数量合理为限,并接受海关监管。

进出境人员不得随身携带前款规定以外的易制毒化学品。

第六章 监督检查

第三十二条 县级以上人民政府公安机关、负责药品监督管理的部门、安全生产监督管理部门、商务主管部门、卫生主管部门、价格主管部门、铁路主管部门、交通主管部门、市场监督管理部门、生态环境主管部门和海关,应当依照本条例和有关法律、行政法规的规定,在各自的职责范围内,加强对易制毒化学品生产、经营、购买、运输、价格以及进口、出口的监督检查;对非法生产、经营、购买、运输易制毒化学品,或者走私易制毒化学品的行为,依法予以查处。

前款规定的行政主管部门在进行易制毒化学品监督检查时,可以依法查看现场、查阅和复制有关资料、记录有关情况、扣押相关的证据材料和违法物品;必要时,可以临时查封有关场所。

被检查的单位或者个人应当如实提供有关情况和材料、物品,不得拒绝或者隐匿。

第三十三条 对依法收缴、查获的易制毒化学品,应当在省、自治区、直辖市或者设区的市级人民政府公安机关、海关或者生态环境主管部门的监督下,区别易制毒化学品的不同情况进行保管、回收,或者依照环境保护法律、行政法规的有关规定,由有资质的单位在生态环境主管部门的监督下销毁。其中,对收缴、查获的第一类中的药品类易制毒化学品,一律销毁。

易制毒化学品违法单位或者个人无力提供保管、回收或者销毁费用的,保管、回收或者销毁的费用在回收所得中开支,或者在有关行政主管部门的禁毒经费中列支。

第三十四条 易制毒化学品丢失、被盗、被抢的,发案单位应当立即向当地公安机关报告,并同时报告当地的县级人民政府负责药品监督管理的部门、安全生产监督管理部门、商务主管部门或者卫生主管部门。接到报案的公安机关应当及时立案查处,并向上级公安机关报告;有关行政主管部门应当逐级上报并配合公安机关的查处。

第三十五条 有关行政主管部门应当将易制毒化学品许可以及依法吊销许可的情况通报有关公安机关和市场监督管理部门;市场监督管理部门应当将生产、经营易制毒化学品企业依法变更或者注销登记的情况通报有关公安机关和行政主管部门。

第三十六条 生产、经营、购买、运输或者进口、出口易制毒化学品的单位,应当于每年3月31日前向许可或者备案的行政主管部门和公安机关报告本单位上年度易制毒化学品的生产、经营、购买、运输或者进口、出口情况;有条件的生产、经营、购买、运输或者进口、出口单位,可以与有关行政主管部门建立计算机联网,及时通报有关经营情况。

第三十七条 县级以上人民政府有关行政主管部门应当加强协调合作,建立易制毒化学品管理情况、监督检查情况以及案件处理情况的通报、交流机制。

第七章 法律责任

第三十八条 违反本条例规定,未经许可或者备案擅自生产、经营、购买、运输易制毒化学品,伪造申请材料骗取易制毒化学品生产、经营、购买或者运输许可证,使用他人的或者伪造、变造、失效的许可证生产、经营、购买、运输易制毒化学品的,由公安机关没收非法生产、经营、购买或者运输的易制毒化学品、用于非法生产易制毒化学品的原料以及非法生产、经营、购买或者运输易制毒化学品的设备、工具,处非法生产、经营、购买或者运输的易制毒化学品货值10倍以上20倍以下的罚款,货值的20倍不足1万元的,按1万元罚款;有违法所得的,没收违法所得;有营业执照的,由市场监督管理部门吊销营业执照;构成犯罪的,依法追究刑事责任。

对有前款规定违法行为的单位或者个人,有关行政主管部门可以自作出行政处罚决定之日起3年内,停止受理其易制毒化学品生产、经营、购买、运输或者进口、出口许可申请。

第三十九条 违反本条例规定，走私易制毒化学品的，由海关没收走私的易制毒化学品；有违法所得的，没收违法所得，并依照海关法律、行政法规给予行政处罚；构成犯罪的，依法追究刑事责任。

第四十条 违反本条例规定，有下列行为之一的，由负有监督管理职责的行政主管部门给予警告，责令限期改正，处1万元以上5万元以下的罚款；对违反规定生产、经营、购买的易制毒化学品可以予以没收；逾期不改正的，责令限期停产停业整顿；逾期整顿不合格的，吊销相应的许可证：

（一）易制毒化学品生产、经营、购买、运输或者进口、出口单位未按规定建立安全管理制度的；

（二）将许可证或者备案证明转借他人使用的；

（三）超出许可的品种、数量生产、经营、购买易制毒化学品的；

（四）生产、经营、购买单位不记录或者不如实记录交易情况、不按规定保存交易记录或者不如实、不及时向公安机关和有关行政主管部门备案销售情况的；

（五）易制毒化学品丢失、被盗、被抢后未及时报告，造成严重后果的；

（六）除个人合法购买第一类中的药品类易制毒化学品药品制剂以及第三类易制毒化学品外，使用现金或者实物进行易制毒化学品交易的；

（七）易制毒化学品的产品包装和使用说明书不符合本条例规定要求的；

（八）生产、经营易制毒化学品的单位不如实或者不按时向有关行政主管部门和公安机关报告年度生产、经销和库存等情况的。

企业的易制毒化学品生产经营许可被依法吊销后，未及时到市场监督管理部门办理经营范围变更或者企业注销登记的，依照前款规定，对易制毒化学品予以没收，并处罚款。

第四十一条 运输的易制毒化学品与易制毒化学品运输许可证

或者备案证明载明的品种、数量、运入地、货主及收货人、承运人等情况不符，运输许可证种类不当，或者运输人员未全程携带运输许可证或者备案证明的，由公安机关责令停运整改，处5000元以上5万元以下的罚款；有危险物品运输资质的，运输主管部门可以依法吊销其运输资质。

个人携带易制毒化学品不符合品种、数量规定的，没收易制毒化学品，处1000元以上5000元以下的罚款。

第四十二条 生产、经营、购买、运输或者进口、出口易制毒化学品的单位或者个人拒不接受有关行政主管部门监督检查的，由负有监督管理职责的行政主管部门责令改正，对直接负责的主管人员以及其他直接责任人员给予警告；情节严重的，对单位处1万元以上5万元以下的罚款，对直接负责的主管人员以及其他直接责任人员处1000元以上5000元以下的罚款；有违反治安管理行为的，依法给予治安管理处罚；构成犯罪的，依法追究刑事责任。

第四十三条 易制毒化学品行政主管部门工作人员在管理工作中有应当许可而不许可、不应当许可而滥许可，不依法受理备案，以及其他滥用职权、玩忽职守、徇私舞弊行为的，依法给予行政处分；构成犯罪的，依法追究刑事责任。

第八章 附 则

第四十四条 易制毒化学品生产、经营、购买、运输和进口、出口许可证，由国务院有关行政主管部门根据各自的职责规定式样并监制。

第四十五条 本条例自2005年11月1日起施行。

本条例施行前已经从事易制毒化学品生产、经营、购买、运输或者进口、出口业务的，应当自本条例施行之日起6个月内，依照本条例的规定重新申请许可。

附表

易制毒化学品的分类和品种目录

第一类

1. 1—苯基—2—丙酮

2. 3,4—亚甲基二氧苯基—2—丙酮

3. 胡椒醛

4. 黄樟素

5. 黄樟油

6. 异黄樟素

7. N—乙酰邻氨基苯酸

8. 邻氨基苯甲酸

9. 麦角酸 *

10. 麦角胺 *

11. 麦角新碱 *

12. 麻黄素、伪麻黄素、消旋麻黄素、去甲麻黄素、甲基麻黄素、麻黄浸膏、麻黄浸膏粉等麻黄素类物质 *

第二类

1. 苯乙酸

2. 醋酸酐

3. 三氯甲烷

4. 乙醚

5. 哌啶

第三类

1. 甲苯

2. 丙酮

3. 甲基乙基酮

4. 高锰酸钾

5. 硫酸
6. 盐酸

一、第一类、第二类所列物质可能存在的盐类,也纳入管制。

二、带有 * 标记的品种为第一类中的药品类易制毒化学品,第一类中的药品类易制毒化学品包括原料药及其单方制剂。

麻醉药品和精神药品管理条例

(2005 年 8 月 3 日国务院令第 442 号公布　根据 2013 年 12 月 7 日国务院令第 645 号《关于修改部分行政法规的决定》第一次修订　根据 2016 年 2 月 6 日国务院令第 666 号《关于修改部分行政法规的决定》第二次修订　根据 2024 年 12 月 6 日国务院令第 797 号《关于修改和废止部分行政法规的决定》第三次修订)

第一章　总　　则

第一条　为加强麻醉药品和精神药品的管理,保证麻醉药品和精神药品的合法、安全、合理使用,防止流入非法渠道,根据药品管理法和其他有关法律的规定,制定本条例。

第二条　麻醉药品药用原植物的种植,麻醉药品和精神药品的实验研究、生产、经营、使用、储存、运输等活动以及监督管理,适用本条例。

麻醉药品和精神药品的进出口依照有关法律的规定办理。

第三条　本条例所称麻醉药品和精神药品,是指列入本条第二款规定的目录(以下称目录)的药品和其他物质。麻醉药品和精神药品按照药用类和非药用类分类列管。药用类麻醉药品和精神药品目录由国务院药品监督管理部门会同国务院公安部门、国务院卫生主管部门制定、调整并公布。其中,药用类精神药品分为第一类精神药品和第二类精神药品。非药用类麻醉药品和精神药品目录由国务院公安部门会同国务院药品监督管理部门、国务院卫生主管部门制定、调整并公布。非药用类麻醉药品和精神药品发现药用用途的,调整列入药用类麻醉药品和精神药品目录,不再列入非药用类麻醉药品和精神药品目录。

国家组织开展药品和其他物质滥用监测,对药品和其他物质滥用情况进行评估,建立健全目录动态调整机制。上市销售但尚未列入目录的药品和其他物质或者第二类精神药品发生滥用,已经造成或者可能造成严重社会危害的,国务院药品监督管理部门、国务院公安部门、国务院卫生主管部门应当依照前款的规定及时将该药品和该物质列入目录或者将该第二类精神药品调整为第一类精神药品。

第四条 国家对麻醉药品药用原植物以及麻醉药品和精神药品实行管制。除本条例另有规定的外,任何单位、个人不得进行麻醉药品药用原植物的种植以及麻醉药品和精神药品的实验研究、生产、经营、使用、储存、运输等活动。

对药用类麻醉药品和精神药品,可以依照本条例的规定进行实验研究、生产、经营、使用、储存、运输;对非药用类麻醉药品和精神药品,可以依照本条例的规定进行实验研究,不得生产、经营、使用、储存、运输。

国家建立麻醉药品和精神药品追溯管理体系。国务院药品监督管理部门应当制定统一的麻醉药品和精神药品追溯标准和规范,推进麻醉药品和精神药品追溯信息互通互享,实现麻醉药品和精神药品可追溯。

第五条 国务院药品监督管理部门负责全国麻醉药品和精神药品的监督管理工作,并会同国务院农业主管部门对麻醉药品药用原植物实施监督管理。国务院公安部门负责对造成麻醉药品药用原植物、麻醉药品和精神药品流入非法渠道的行为进行查处。国务院其他有关主管部门在各自的职责范围内负责与麻醉药品和精神药品有关的管理工作。

省、自治区、直辖市人民政府药品监督管理部门和设区的市级、县级人民政府承担药品监督管理职责的部门(以下称药品监督管理部门)负责本行政区域内麻醉药品和精神药品的监督管理工作。县级以上地方公安机关负责对本行政区域内造成麻醉药品和精神药品流入非法渠道的行为进行查处。县级以上地方人民政府其他有关主管部门在各自的职责范围内负责与麻醉药品和精神药品有关的管理工作。

第六条 麻醉药品和精神药品生产、经营企业和使用单位可以依法参加行业协会。行业协会应当加强行业自律管理。

第二章 种植、实验研究和生产

第七条 国家根据麻醉药品和精神药品的医疗、国家储备和企业生产所需原料的需要确定需求总量,对麻醉药品药用原植物的种植、麻醉药品和精神药品的生产实行总量控制。

国务院药品监督管理部门根据麻醉药品和精神药品的需求总量制定年度生产计划。

国务院药品监督管理部门和国务院农业主管部门根据麻醉药品年度生产计划,制定麻醉药品药用原植物年度种植计划。

第八条 麻醉药品药用原植物种植企业应当根据年度种植计划,种植麻醉药品药用原植物。

麻醉药品药用原植物种植企业应当向国务院药品监督管理部门和国务院农业主管部门定期报告种植情况。

第九条 麻醉药品药用原植物种植企业由国务院药品监督管理部门和国务院农业主管部门共同确定,其他单位和个人不得种植麻醉药品药用原植物。

第十条 开展麻醉药品和精神药品实验研究活动应当具备下列条件,并经国务院药品监督管理部门批准:

(一)以医疗、科学研究或者教学为目的;

(二)有保证实验所需麻醉药品和精神药品安全的措施和管理制度;

(三)单位及其工作人员2年内没有违反有关禁毒的法律、行政法规规定的行为。

第十一条 麻醉药品和精神药品的实验研究单位申请相关药品批准证明文件,应当依照药品管理法的规定办理;需要转让研究成果的,应当经国务院药品监督管理部门批准。

第十二条 药品研究单位在普通药品的实验研究过程中,产生本条例规定的管制品种的,应当立即停止实验研究活动,并向国务院药品监督管理部门报告。国务院药品监督管理部门应当根据情况,及时作出是否同意其继续实验研究的决定。

第十三条 麻醉药品和第一类精神药品的临床试验,不得以健康人为受试对象。

第十四条 国家对麻醉药品和精神药品实行定点生产制度。

国务院药品监督管理部门应当根据麻醉药品和精神药品的需求总量,确定麻醉药品和精神药品定点生产企业的数量和布局,并根据年度需求总量对数量和布局进行调整、公布。

第十五条 麻醉药品和精神药品的定点生产企业应当具备下列条件:

(一)有药品生产许可证;

(二)有麻醉药品和精神药品实验研究批准文件;

(三)有符合规定的麻醉药品和精神药品生产设施、储存条件和相应的安全管理设施;

(四)有通过网络实施企业安全生产管理和向药品监督管理部门报告生产信息的能力;

（五）有保证麻醉药品和精神药品安全生产的管理制度；

（六）有与麻醉药品和精神药品安全生产要求相适应的管理水平和经营规模；

（七）麻醉药品和精神药品生产管理、质量管理部门的人员应当熟悉麻醉药品和精神药品管理以及有关禁毒的法律、行政法规；

（八）没有生产、销售假药、劣药或者违反有关禁毒的法律、行政法规规定的行为；

（九）符合国务院药品监督管理部门公布的麻醉药品和精神药品定点生产企业数量和布局的要求。

第十六条 从事麻醉药品、精神药品生产的企业，应当经所在地省、自治区、直辖市人民政府药品监督管理部门批准。

第十七条 定点生产企业生产麻醉药品和精神药品，应当依照药品管理法的规定取得药品批准文号。

国务院药品监督管理部门应当组织医学、药学、社会学、伦理学和禁毒等方面的专家成立专家组，由专家组对申请首次上市的麻醉药品和精神药品的社会危害性和被滥用的可能性进行评价，并提出是否批准的建议。

未取得药品批准文号的，不得生产麻醉药品和精神药品。

第十八条 发生重大突发事件，定点生产企业无法正常生产或者不能保证供应麻醉药品和精神药品时，国务院药品监督管理部门可以决定其他药品生产企业生产麻醉药品和精神药品。

重大突发事件结束后，国务院药品监督管理部门应当及时决定前款规定的企业停止麻醉药品和精神药品的生产。

第十九条 定点生产企业应当严格按照麻醉药品和精神药品年度生产计划安排生产，并依照规定向所在地省、自治区、直辖市人民政府药品监督管理部门报告生产情况。

第二十条 定点生产企业应当依照本条例的规定，将麻醉药品和精神药品销售给具有麻醉药品和精神药品经营资格的企业或者依照本条例规定批准的其他单位。

第二十一条 麻醉药品和精神药品的标签应当印有国务院药品监督管理部门规定的标志。

第三章 经 营

第二十二条 国家对麻醉药品和精神药品实行定点经营制度。

国务院药品监督管理部门应当根据麻醉药品和第一类精神药品的需求总量,确定麻醉药品和第一类精神药品的定点批发企业布局,并应当根据年度需求总量对布局进行调整、公布。

药品经营企业不得经营麻醉药品原料药和第一类精神药品原料药。但是,供医疗、科学研究、教学使用的小包装的上述药品可以由国务院药品监督管理部门规定的药品批发企业经营。

第二十三条 麻醉药品和精神药品定点批发企业除应当具备药品管理法规定的药品经营企业的开办条件外,还应当具备下列条件:

(一)有符合本条例规定的麻醉药品和精神药品储存条件;

(二)有通过网络实施企业安全管理和向药品监督管理部门报告经营信息的能力;

(三)单位及其工作人员 2 年内没有违反有关禁毒的法律、行政法规规定的行为;

(四)符合国务院药品监督管理部门公布的定点批发企业布局。

麻醉药品和第一类精神药品的定点批发企业,还应当具有保证供应责任区域内医疗机构所需麻醉药品和第一类精神药品的能力,并具有保证麻醉药品和第一类精神药品安全经营的管理制度。

第二十四条 跨省、自治区、直辖市从事麻醉药品和第一类精神药品批发业务的企业(以下称全国性批发企业),应当经国务院药品监督管理部门批准;在本省、自治区、直辖市行政区域内从事麻醉药品和第一类精神药品批发业务的企业(以下称区域性批发企业),应当经所在地省、自治区、直辖市人民政府药品监督管理部门批准。

专门从事第二类精神药品批发业务的企业,应当经所在地省、自治区、直辖市人民政府药品监督管理部门批准。

全国性批发企业和区域性批发企业可以从事第二类精神药品批发业务。

第二十五条 全国性批发企业可以向区域性批发企业,或者经批准可以向取得麻醉药品和第一类精神药品使用资格的医疗机构以及依照本条例规定批准的其他单位销售麻醉药品和第一类精神药品。

全国性批发企业向取得麻醉药品和第一类精神药品使用资格的医疗机构销售麻醉药品和第一类精神药品,应当经医疗机构所在地省、自治区、直辖市人民政府药品监督管理部门批准。

国务院药品监督管理部门在批准全国性批发企业时,应当明确其所承担供药责任的区域。

第二十六条 区域性批发企业可以向本省、自治区、直辖市行政区域内取得麻醉药品和第一类精神药品使用资格的医疗机构销售麻醉药品和第一类精神药品;由于特殊地理位置的原因,需要就近向其他省、自治区、直辖市行政区域内取得麻醉药品和第一类精神药品使用资格的医疗机构销售的,应当经企业所在地省、自治区、直辖市人民政府药品监督管理部门批准。审批情况由负责审批的药品监督管理部门在批准后5日内通报医疗机构所在地省、自治区、直辖市人民政府药品监督管理部门。

省、自治区、直辖市人民政府药品监督管理部门在批准区域性批发企业时,应当明确其所承担供药责任的区域。

区域性批发企业之间因医疗急需、运输困难等特殊情况需要调剂麻醉药品和第一类精神药品的,应当在调剂后2日内将调剂情况分别报所在地省、自治区、直辖市人民政府药品监督管理部门备案。

第二十七条 全国性批发企业应当从定点生产企业购进麻醉药品和第一类精神药品。

区域性批发企业可以从全国性批发企业购进麻醉药品和第一类

精神药品;经所在地省、自治区、直辖市人民政府药品监督管理部门批准,也可以从定点生产企业购进麻醉药品和第一类精神药品。

第二十八条 全国性批发企业和区域性批发企业向医疗机构销售麻醉药品和第一类精神药品,应当将药品送至医疗机构。医疗机构不得自行提货。

第二十九条 第二类精神药品定点批发企业可以向医疗机构、定点批发企业和符合本条例第三十一条规定的药品零售企业以及依照本条例规定批准的其他单位销售第二类精神药品。

第三十条 麻醉药品和第一类精神药品不得零售。

禁止使用现金进行麻醉药品和精神药品交易,但是个人合法购买麻醉药品和精神药品的除外。

第三十一条 经所在地设区的市级药品监督管理部门批准,实行统一进货、统一配送、统一管理的药品零售连锁企业可以从事第二类精神药品零售业务。

第三十二条 第二类精神药品零售企业应当凭执业医师出具的处方,按规定剂量销售第二类精神药品,并将处方保存 2 年备查;禁止超剂量或者无处方销售第二类精神药品;不得向未成年人销售第二类精神药品。

第三十三条 麻醉药品和第一类精神药品实行政府指导价。具体办法由国务院医疗保障主管部门制定。

第四章 使 用

第三十四条 药品生产企业需要以麻醉药品和第一类精神药品为原料生产普通药品的,应当向所在地省、自治区、直辖市人民政府药品监督管理部门报送年度需求计划,由省、自治区、直辖市人民政府药品监督管理部门汇总报国务院药品监督管理部门批准后,向定点生产企业购买。

药品生产企业需要以第二类精神药品为原料生产普通药品的,

应当将年度需求计划报所在地省、自治区、直辖市人民政府药品监督管理部门,并向定点批发企业或者定点生产企业购买。

第三十五条　食品、食品添加剂、化妆品、油漆等非药品生产企业需要使用咖啡因作为原料的,应当经所在地省、自治区、直辖市人民政府药品监督管理部门批准,向定点批发企业或者定点生产企业购买。

科学研究、教学单位需要使用麻醉药品和精神药品开展实验、教学活动的,应当经所在地省、自治区、直辖市人民政府药品监督管理部门批准,向定点批发企业或者定点生产企业购买。

需要使用麻醉药品和精神药品的标准品、对照品的,应当经所在地省、自治区、直辖市人民政府药品监督管理部门批准,向国务院药品监督管理部门批准的单位购买。

第三十六条　医疗机构需要使用麻醉药品和第一类精神药品的,应当经所在地设区的市级人民政府卫生主管部门批准,取得麻醉药品、第一类精神药品购用印鉴卡(以下称印鉴卡)。医疗机构应当凭印鉴卡向本省、自治区、直辖市行政区域内的定点批发企业购买麻醉药品和第一类精神药品。

设区的市级人民政府卫生主管部门发给医疗机构印鉴卡时,应当将取得印鉴卡的医疗机构情况抄送所在地设区的市级药品监督管理部门,并报省、自治区、直辖市人民政府卫生主管部门备案。省、自治区、直辖市人民政府卫生主管部门应当将取得印鉴卡的医疗机构名单向本行政区域内的定点批发企业通报。

第三十七条　医疗机构取得印鉴卡应当具备下列条件:

(一)有专职的麻醉药品和第一类精神药品管理人员;

(二)有获得麻醉药品和第一类精神药品处方资格的执业医师;

(三)有保证麻醉药品和第一类精神药品安全储存的设施和管理制度。

第三十八条　医疗机构应当按照国务院卫生主管部门的规定,对本单位执业医师进行有关麻醉药品和精神药品使用知识的培训、考核，经考核合格的，授予麻醉药品和第一类精神药品处方资格。执业医师取得麻醉药品和第一类精神药品的处方资格后，方可在本医疗机构开具麻醉药品和第一类精神药品处方，但不得为自己开具该种处方。

医疗机构应当将具有麻醉药品和第一类精神药品处方资格的执业医师名单及其变更情况，定期报送所在地设区的市级人民政府卫生主管部门，并抄送同级药品监督管理部门。

医务人员应当根据国务院卫生主管部门制定的临床应用指导原则，使用麻醉药品和精神药品。

第三十九条 具有麻醉药品和第一类精神药品处方资格的执业医师，根据临床应用指导原则，对确需使用麻醉药品或者第一类精神药品的患者，应当满足其合理用药需求。在医疗机构就诊的癌症疼痛患者和其他危重患者得不到麻醉药品或者第一类精神药品时，患者或者其亲属可以向执业医师提出申请。具有麻醉药品和第一类精神药品处方资格的执业医师认为要求合理的，应当及时为患者提供所需麻醉药品或者第一类精神药品。

第四十条 执业医师应当使用专用处方开具麻醉药品和精神药品，单张处方的最大用量应当符合国务院卫生主管部门的规定。执业医师开具麻醉药品和精神药品处方，应当对患者的信息进行核对；因抢救患者等紧急情况，无法核对患者信息的，执业医师可以先行开具麻醉药品和精神药品处方。

对麻醉药品和第一类精神药品处方，处方的调配人、核对人应当仔细核对，签署姓名，并予以登记；对不符合本条例规定的，处方的调配人、核对人应当拒绝发药。

麻醉药品和精神药品专用处方的格式由国务院卫生主管部门规定。

第四十一条 医疗机构应当对麻醉药品和精神药品处方进行专册登记，加强管理。麻醉药品处方至少保存 3 年，精神药品处方至少保存 2 年。医疗机构应当按照国务院卫生主管部门的规定及时报送麻醉药品和精神药品处方信息。

第四十二条 医疗机构抢救病人急需麻醉药品和第一类精神药品而本医疗机构无法提供时,可以从其他医疗机构或者定点批发企业紧急借用;抢救工作结束后,应当及时将借用情况报所在地设区的市级药品监督管理部门和卫生主管部门备案。

第四十三条 对临床需要而市场无供应的麻醉药品和精神药品,持有医疗机构制剂许可证和印鉴卡的医疗机构需要配制制剂的,应当经所在地省、自治区、直辖市人民政府药品监督管理部门批准。医疗机构配制的麻醉药品和精神药品制剂只能在本医疗机构使用,不得对外销售。

第四十四条 因治疗疾病需要,个人凭医疗机构出具的医疗诊断书、本人身份证明,可以携带单张处方最大用量以内的麻醉药品和第一类精神药品;携带麻醉药品和第一类精神药品出入境的,由海关根据自用、合理的原则放行。

医务人员为了医疗需要携带少量麻醉药品和精神药品出入境的,应当持有省级以上人民政府药品监督管理部门发放的携带麻醉药品和精神药品证明。海关凭携带麻醉药品和精神药品证明放行。

第四十五条 医疗机构、戒毒机构以开展戒毒治疗为目的,可以使用美沙酮或者国家确定的其他用于戒毒治疗的麻醉药品和精神药品。具体管理办法由国务院药品监督管理部门、国务院公安部门和国务院卫生主管部门制定。

第五章 储 存

第四十六条 麻醉药品药用原植物种植企业、定点生产企业、全国性批发企业和区域性批发企业以及国家设立的麻醉药品储存单位,应当设置储存麻醉药品和第一类精神药品的专库。该专库应当符合下列要求:

(一)安装专用防盗门,实行双人双锁管理;

（二）具有相应的防火设施；

（三）具有监控设施和报警装置，报警装置应当与公安机关报警系统联网。

全国性批发企业经国务院药品监督管理部门批准设立的药品储存点应当符合前款的规定。

麻醉药品定点生产企业应当将麻醉药品原料药和制剂分别存放。

第四十七条　麻醉药品和第一类精神药品的使用单位应当设立专库或者专柜储存麻醉药品和第一类精神药品。专库应当设有防盗设施并安装报警装置；专柜应当使用保险柜。专库和专柜应当实行双人双锁管理。

第四十八条　麻醉药品药用原植物种植企业、定点生产企业、全国性批发企业和区域性批发企业、国家设立的麻醉药品储存单位以及麻醉药品和第一类精神药品的使用单位，应当配备专人负责管理工作，并建立储存麻醉药品和第一类精神药品的专用账册。药品入库双人验收，出库双人复核，做到账物相符。专用账册的保存期限应当自药品有效期期满之日起不少于 5 年。

第四十九条　第二类精神药品经营企业应当在药品库房中设立独立的专库或者专柜储存第二类精神药品，并建立专用账册，实行专人管理。专用账册的保存期限应当自药品有效期期满之日起不少于 5 年。

第六章　运　　输

第五十条　托运、承运和自行运输麻醉药品和精神药品的，应当采取安全保障措施，防止麻醉药品和精神药品在运输过程中被盗、被抢、丢失。

第五十一条　通过铁路运输麻醉药品和第一类精神药品的，应当使用集装箱或者铁路行李车运输，具体办法由国务院药品监督管理部门会同国务院铁路主管部门制定。

没有铁路需要通过公路或者水路运输麻醉药品和第一类精神药品的,应当由专人负责押运。

第五十二条 托运或者自行运输麻醉药品和第一类精神药品的单位,应当向所在地设区的市级药品监督管理部门申请领取运输证明。运输证明有效期为1年。

运输证明应当由专人保管,不得涂改、转让、转借。

第五十三条 托运人办理麻醉药品和第一类精神药品运输手续,应当将运输证明副本交付承运人。承运人应当查验、收存运输证明副本,并检查货物包装。没有运输证明或者货物包装不符合规定的,承运人不得承运。

承运人在运输过程中应当携带运输证明副本,以备查验。

第五十四条 邮寄麻醉药品和精神药品,寄件人应当提交所在地设区的市级药品监督管理部门出具的准予邮寄证明。邮政营业机构应当查验、收存准予邮寄证明;没有准予邮寄证明的,邮政营业机构不得收寄。

省、自治区、直辖市邮政主管部门指定符合安全保障条件的邮政营业机构负责收寄麻醉药品和精神药品。邮政营业机构收寄麻醉药品和精神药品,应当依法对收寄的麻醉药品和精神药品予以查验。

邮寄麻醉药品和精神药品的具体管理办法,由国务院药品监督管理部门会同国务院邮政主管部门制定。

第五十五条 定点生产企业、全国性批发企业和区域性批发企业之间运输麻醉药品、第一类精神药品,发货人在发货前应当向所在地省、自治区、直辖市人民政府药品监督管理部门报送本次运输的相关信息。属于跨省、自治区、直辖市运输的,收到信息的药品监督管理部门应当向收货人所在地的同级药品监督管理部门通报;属于在本省、自治区、直辖市行政区域内运输的,收到信息的药品监督管理部门应当向收货人所在地设区的市级药品监督管理部门通报。

第七章 审批程序和监督管理

第五十六条 申请人提出本条例规定的审批事项申请，应当提交能够证明其符合本条例规定条件的相关资料。审批部门应当自收到申请之日起40日内作出是否批准的决定；作出批准决定的，发给许可证明文件或者在相关许可证明文件上加注许可事项；作出不予批准决定的，应当书面说明理由。

确定定点生产企业和定点批发企业，审批部门应当在经审查符合条件的企业中，根据布局的要求，通过公平竞争的方式初步确定定点生产企业和定点批发企业，并予公布。其他符合条件的企业可以自公布之日起10日内向审批部门提出异议。审批部门应当自收到异议之日起20日内对异议进行审查，并作出是否调整的决定。

第五十七条 药品监督管理部门应当根据规定的职责权限，对麻醉药品药用原植物的种植以及麻醉药品和精神药品的实验研究、生产、经营、使用、储存、运输活动进行监督检查。

第五十八条 省级以上人民政府药品监督管理部门根据实际情况建立监控信息网络，对定点生产企业、定点批发企业和使用单位的麻醉药品和精神药品生产、进货、销售、库存、使用的数量以及流向实行实时监控，并与同级公安机关做到信息共享。

第五十九条 尚未连接监控信息网络的麻醉药品和精神药品定点生产企业、定点批发企业和使用单位，应当每月通过电子信息、传真、书面等方式，将本单位麻醉药品和精神药品生产、进货、销售、库存、使用的数量以及流向，报所在地设区的市级药品监督管理部门和公安机关；医疗机构还应当报所在地设区的市级人民政府卫生主管部门。

设区的市级药品监督管理部门应当每3个月向上一级药品监督管理部门报告本地区麻醉药品和精神药品的相关情况。

第六十条 对已经发生滥用，造成严重社会危害的麻醉药品和精神药品品种，国务院药品监督管理部门应当采取在一定期限内中止生产、经营、使用或者限定其使用范围和用途等措施。对不再作为药品使用的麻醉药品和精神药品,国务院药品监督管理部门应当撤销其药品批准文号和药品标准,并予以公布。

药品监督管理部门、卫生主管部门发现生产、经营企业和使用单位的麻醉药品和精神药品管理存在安全隐患时,应当责令其立即排除或者限期排除;对有证据证明可能流入非法渠道的,应当及时采取查封、扣押的行政强制措施,在 7 日内作出行政处理决定,并通报同级公安机关。

药品监督管理部门发现取得印鉴卡的医疗机构未依照规定购买麻醉药品和第一类精神药品时,应当及时通报同级卫生主管部门。接到通报的卫生主管部门应当立即调查处理。必要时,药品监督管理部门可以责令定点批发企业中止向该医疗机构销售麻醉药品和第一类精神药品。

第六十一条 麻醉药品和精神药品的生产、经营企业和使用单位对过期、损坏的麻醉药品和精神药品应当登记造册,并向所在地县级药品监督管理部门申请销毁。药品监督管理部门应当自接到申请之日起5 日内到场监督销毁。医疗机构对存放在本单位的过期、损坏麻醉药品和精神药品,应当按照本条规定的程序向卫生主管部门提出申请,由卫生主管部门负责监督销毁。

对依法收缴的麻醉药品和精神药品,除经国务院药品监督管理部门或者国务院公安部门批准用于科学研究外,应当依照国家有关规定予以销毁。

第六十二条 县级以上人民政府卫生主管部门应当对执业医师开具麻醉药品和精神药品处方的情况进行监督检查。

第六十三条 药品监督管理部门、卫生主管部门和公安机关应当互相通报麻醉药品和精神药品生产、经营企业和使用单位的名单以及其他管理信息。

各级药品监督管理部门应当将在麻醉药品药用原植物的种植以及麻醉药品和精神药品的实验研究、生产、经营、使用、储存、运输等各环节的管理中的审批、撤销等事项通报同级公安机关。

麻醉药品和精神药品的经营企业、使用单位报送各级药品监督管理部门的备案事项，应当同时报送同级公安机关。

第六十四条　发生麻醉药品和精神药品被盗、被抢、丢失或者其他流入非法渠道的情形的，案发单位应当立即采取必要的控制措施，同时报告所在地县级公安机关和药品监督管理部门。医疗机构发生上述情形的，还应当报告其主管部门。

公安机关接到报告、举报，或者有证据证明麻醉药品和精神药品可能流入非法渠道时，应当及时开展调查，并可以对相关单位采取必要的控制措施。

药品监督管理部门、卫生主管部门以及其他有关部门应当配合公安机关开展工作。

第八章　法律责任

第六十五条　药品监督管理部门、卫生主管部门违反本条例的规定，有下列情形之一的，由其上级行政机关或者监察机关责令改正；情节严重的，对直接负责的主管人员和其他直接责任人员依法给予行政处分；构成犯罪的，依法追究刑事责任：

（一）对不符合条件的申请人准予行政许可或者超越法定职权作出准予行政许可决定的；

（二）未到场监督销毁过期、损坏的麻醉药品和精神药品的；

（三）未依法履行监督检查职责，应当发现而未发现违法行为、发现违法行为不及时查处，或者未依照本条例规定的程序实施监督检查的；

（四）违反本条例规定的其他失职、渎职行为。

第六十六条　麻醉药品药用原植物种植企业违反本条例的规定，有下列情形之一的，由药品监督管理部门责令限期改正，给予警告；逾期不改正的，处 5 万元以上 10 万元以下的罚款；情节严重的，取消其种植资格：

（一）未依照麻醉药品药用原植物年度种植计划进行种植的；

（二）未依照规定报告种植情况的；

（三）未依照规定储存麻醉药品的。

第六十七条 定点生产企业违反本条例的规定，有下列情形之一的，由药品监督管理部门责令限期改正，给予警告，并没收违法所得和违法销售的药品；逾期不改正的，责令停产，并处5万元以上10万元以下的罚款；情节严重的，取消其定点生产资格：

（一）未按照麻醉药品和精神药品年度生产计划安排生产的；

（二）未依照规定向药品监督管理部门报告生产情况的；

（三）未依照规定储存麻醉药品和精神药品，或者未依照规定建立、保存专用账册的；

（四）未依照规定销售麻醉药品和精神药品的；

（五）未依照规定销毁麻醉药品和精神药品的。

第六十八条 定点批发企业违反本条例的规定销售麻醉药品和精神药品，或者违反本条例的规定经营麻醉药品原料药和第一类精神药品原料药的，由药品监督管理部门责令限期改正，给予警告，并没收违法所得和违法销售的药品；逾期不改正的，责令停业，并处违法销售药品货值金额2倍以上5倍以下的罚款；情节严重的，取消其定点批发资格。

第六十九条 定点批发企业违反本条例的规定，有下列情形之一的，由药品监督管理部门责令限期改正，给予警告；逾期不改正的，责令停业，并处2万元以上5万元以下的罚款；情节严重的，取消其定点批发资格：

（一）未依照规定购进麻醉药品和第一类精神药品的；

（二）未保证供药责任区域内的麻醉药品和第一类精神药品的供应的；

（三）未对医疗机构履行送货义务的；

（四）未依照规定报告麻醉药品和精神药品的进货、销售、库存数量以及流向的；

（五）未依照规定储存麻醉药品和精神药品，或者未依照规定建立、保存专用账册的；

（六）未依照规定销毁麻醉药品和精神药品的；

（七）区域性批发企业之间违反本条例的规定调剂麻醉药品和第一类精神药品，或者因特殊情况调剂麻醉药品和第一类精神药品后未依照规定备案的。

第七十条　第二类精神药品零售企业违反本条例的规定储存、销售或者销毁第二类精神药品的，由药品监督管理部门责令限期改正，给予警告，并没收违法所得和违法销售的药品；逾期不改正的，责令停业，并处5000元以上2万元以下的罚款；情节严重的，取消其第二类精神药品零售资格。

第七十一条　本条例第三十四条、第三十五条规定的单位违反本条例的规定，购买麻醉药品和精神药品的，由药品监督管理部门没收违法购买的麻醉药品和精神药品，责令限期改正，给予警告；逾期不改正的，责令停产或者停止相关活动，并处2万元以上5万元以下的罚款。

第七十二条　取得印鉴卡的医疗机构违反本条例的规定，有下列情形之一的，由设区的市级人民政府卫生主管部门责令限期改正，给予警告；逾期不改正的，处5000元以上1万元以下的罚款；情节严重的，吊销其印鉴卡；对直接负责的主管人员和其他直接责任人员，依法给予降级、撤职、开除的处分：

（一）未依照规定购买、储存麻醉药品和第一类精神药品的；

（二）未依照规定保存麻醉药品和精神药品专用处方，或者未依照规定进行处方专册登记的；

（三）未依照规定报告麻醉药品和精神药品的进货、库存、使用数量的；

（四）紧急借用麻醉药品和第一类精神药品后未备案的；

（五）未依照规定销毁麻醉药品和精神药品的。

第七十三条 具有麻醉药品和第一类精神药品处方资格的执业医师,违反本条例的规定开具麻醉药品和第一类精神药品处方,或者未按照临床应用指导原则的要求使用麻醉药品和第一类精神药品的,由其所在医疗机构取消其麻醉药品和第一类精神药品处方资格;造成严重后果的,由原发证部门吊销其执业证书。执业医师未按照临床应用指导原则的要求使用第二类精神药品或者未使用专用处方开具第二类精神药品,造成严重后果的,由原发证部门吊销其执业证书。

未取得麻醉药品和第一类精神药品处方资格的执业医师擅自开具麻醉药品和第一类精神药品处方,由县级以上人民政府卫生主管部门给予警告,暂停其执业活动;造成严重后果的,吊销其执业证书;构成犯罪的,依法追究刑事责任。

处方的调配人、核对人违反本条例的规定未对麻醉药品和第一类精神药品处方进行核对,造成严重后果的,由原发证部门吊销其执业证书。

第七十四条 违反本条例的规定运输麻醉药品和精神药品的,由药品监督管理部门和运输管理部门依照各自职责,责令改正,给予警告,处 2 万元以上 5 万元以下的罚款。

收寄麻醉药品、精神药品的邮政营业机构未依照本条例的规定办理邮寄手续的,由邮政主管部门责令改正,给予警告;造成麻醉药品、精神药品邮件丢失的,依照邮政法律、行政法规的规定处理。

第七十五条 提供虚假材料、隐瞒有关情况,或者采取其他欺骗手段取得麻醉药品和精神药品的实验研究、生产、经营、使用资格的,由原审批部门撤销其已取得的资格,5 年内不得提出有关麻醉药品和精神药品的申请;情节严重的,处 1 万元以上 3 万元以下的罚款,有药品生产许可证、药品经营许可证、医疗机构执业许可证的,依法吊销其许可证明文件。

第七十六条 药品研究单位在普通药品的实验研究和研制过程中,产生本条例规定管制的麻醉药品和精神药品,未依照本条例的规定报告的,由药品监督管理部门责令改正,给予警告,没收违法药品;

拒不改正的,责令停止实验研究和研制活动。

第七十七条 药物临床试验机构以健康人为麻醉药品和第一类精神药品临床试验的受试对象的,由药品监督管理部门责令停止违法行为,给予警告;情节严重的,取消其药物临床试验机构的资格;构成犯罪的,依法追究刑事责任。对受试对象造成损害的,药物临床试验机构依法承担治疗和赔偿责任。

第七十八条 定点生产企业、定点批发企业和第二类精神药品零售企业生产、销售假劣麻醉药品和精神药品的,由药品监督管理部门取消其定点生产资格、定点批发资格或者第二类精神药品零售资格,并依照药品管理法的有关规定予以处罚。

第七十九条 定点生产企业、定点批发企业和其他单位使用现金进行麻醉药品和精神药品交易的,由药品监督管理部门责令改正,给予警告,没收违法交易的药品,并处5万元以上10万元以下的罚款。

第八十条 发生麻醉药品和精神药品被盗、被抢、丢失案件的单位,违反本条例的规定未采取必要的控制措施或者未依照本条例的规定报告的,由药品监督管理部门和卫生主管部门依照各自职责,责令改正,给予警告;情节严重的,处5000元以上1万元以下的罚款;有上级主管部门的,由其上级主管部门对直接负责的主管人员和其他直接责任人员,依法给予降级、撤职的处分。

第八十一条 依法取得麻醉药品药用原植物种植或者麻醉药品和精神药品实验研究、生产、经营、使用、运输等资格的单位,倒卖、转让、出租、出借、涂改其麻醉药品和精神药品许可证明文件的,由原审批部门吊销相应许可证明文件,没收违法所得;情节严重的,处违法所得2倍以上5倍以下的罚款;没有违法所得的,处2万元以上5万元以下的罚款;构成犯罪的,依法追究刑事责任。

第八十二条 违反本条例的规定,致使麻醉药品和精神药品流入非法渠道造成危害,构成犯罪的,依法追究刑事责任;尚不构成犯罪的,由县级以上公安机关处5万元以上10万元以下的罚款;有违法所得的,没收违法所得;情节严重的,处违法所得2倍以上5倍以下的罚款;由原发证部门吊销其药品生产、经营和使用许可证明文件。

药品监督管理部门、卫生主管部门在监督管理工作中发现前款规定情形的,应当立即通报所在地同级公安机关,并依照国家有关规定,将案件以及相关材料移送公安机关。

第八十三条 本章规定由药品监督管理部门作出的行政处罚,由县级以上药品监督管理部门按照国务院药品监督管理部门规定的职责分工决定。

第九章 附 则

第八十四条 本条例所称实验研究是指以医疗、科学研究或者教学为目的的临床前药物研究。

第八十五条 药用类麻醉药品中的罂粟壳只能用于中药饮片和中成药的生产以及医疗配方使用。具体管理办法由国务院药品监督管理部门另行制定。

第八十六条 生产含麻醉药品的复方制剂,需要购进、储存、使用麻醉药品原料药的,应当遵守本条例有关麻醉药品管理的规定。

第八十七条 非药用类麻醉药品和精神药品管理的具体办法,由国务院公安部门会同国务院药品监督管理部门、国务院卫生主管部门依据本条例制定。

第八十八条 军队医疗机构麻醉药品和精神药品的供应、使用,由国务院药品监督管理部门会同中央军事委员会后勤保障部依据本条例制定具体管理办法。

第八十九条 对动物用麻醉药品和精神药品的管理,由国务院兽医主管部门会同国务院药品监督管理部门依据本条例制定具体管理办法。

第九十条 本条例自2005年11月1日起施行。1987年11月28日国务院发布的《麻醉药品管理办法》和1988年12月27日国务院发布的《精神药品管理办法》同时废止。

娱乐场所管理条例(节录)

(2006年1月29日国务院令第458号公布 根据2016年2月6日国务院令第666号《关于修改部分行政法规的决定》第一次修订 根据2020年11月29日国务院令第732号《关于修改和废止部分行政法规的决定》第二次修订)

第五条 有下列情形之一的人员,不得开办娱乐场所或者在娱乐场所内从业:

(一)曾犯有组织、强迫、引诱、容留、介绍卖淫罪,制作、贩卖、传播淫秽物品罪,走私、贩卖、运输、制造毒品罪,强奸罪,强制猥亵、侮辱妇女罪,赌博罪,洗钱罪,组织、领导、参加黑社会性质组织罪的;

(二)因犯罪曾被剥夺政治权利的;

(三)因吸食、注射毒品曾被强制戒毒的;

(四)因卖淫、嫖娼曾被处以行政拘留的。

第十三条 国家倡导弘扬民族优秀文化,禁止娱乐场所内的娱乐活动含有下列内容:

(一)违反宪法确定的基本原则的;

(二)危害国家统一、主权或者领土完整的;

(三)危害国家安全,或者损害国家荣誉、利益的;

(四)煽动民族仇恨、民族歧视,伤害民族感情或者侵害民族风俗、习惯,破坏民族团结的;

(五)违反国家宗教政策,宣扬邪教、迷信的;

(六)宣扬淫秽、赌博、暴力以及与毒品有关的违法犯罪活动,或

者教唆犯罪的;

(七)违背社会公德或者民族优秀文化传统的;

(八)侮辱、诽谤他人,侵害他人合法权益的;

(九)法律、行政法规禁止的其他内容。

第十四条　娱乐场所及其从业人员不得实施下列行为,不得为进入娱乐场所的人员实施下列行为提供条件:

(一)贩卖、提供毒品,或者组织、强迫、教唆、引诱、欺骗、容留他人吸食、注射毒品;

(二)组织、强迫、引诱、容留、介绍他人卖淫、嫖娼;

(三)制作、贩卖、传播淫秽物品;

(四)提供或者从事以营利为目的的陪侍;

(五)赌博;

(六)从事邪教、迷信活动;

(七)其他违法犯罪行为。

娱乐场所的从业人员不得吸食、注射毒品,不得卖淫、嫖娼;娱乐场所及其从业人员不得为进入娱乐场所的人员实施上述行为提供条件。

第十五条　歌舞娱乐场所应当按照国务院公安部门的规定在营业场所的出入口、主要通道安装闭路电视监控设备,并应当保证闭路电视监控设备在营业期间正常运行,不得中断。

歌舞娱乐场所应当将闭路电视监控录像资料留存30日备查,不得删改或者挪作他用。

第十六条　歌舞娱乐场所的包厢、包间内不得设置隔断,并应当安装展现室内整体环境的透明门窗。包厢、包间的门不得有内锁装置。

第二十二条　任何人不得非法携带枪支、弹药、管制器具或者携带爆炸性、易燃性、毒害性、放射性、腐蚀性等危险物品和传染病病原体进入娱乐场所。

迪斯科舞厅应当配备安全检查设备,对进入营业场所的人员进行安全检查。

第二十三条　歌舞娱乐场所不得接纳未成年人。除国家法定节假日外，游艺娱乐场所设置的电子游戏机不得向未成年人提供。

第二十四条　娱乐场所不得招用未成年人；招用外国人的，应当按照国家有关规定为其办理外国人就业许可证。

第三十条　娱乐场所应当在营业场所的大厅、包厢、包间内的显著位置悬挂含有禁毒、禁赌、禁止卖淫嫖娼等内容的警示标志、未成年人禁入或者限入标志。标志应当注明公安部门、文化主管部门的举报电话。

第三十一条　娱乐场所应当建立巡查制度，发现娱乐场所内有违法犯罪活动的，应当立即向所在地县级公安部门、县级人民政府文化主管部门报告。

第三十二条　文化主管部门、公安部门和其他有关部门的工作人员依法履行监督检查职责时，有权进入娱乐场所。娱乐场所应当予以配合，不得拒绝、阻挠。

文化主管部门、公安部门和其他有关部门的工作人员依法履行监督检查职责时，需要查阅闭路电视监控录像资料、从业人员名簿、营业日志等资料的，娱乐场所应当及时提供。

第三十三条　文化主管部门、公安部门和其他有关部门应当记录监督检查的情况和处理结果。监督检查记录由监督检查人员签字归档。公众有权查阅监督检查记录。

第三十四条　文化主管部门、公安部门和其他有关部门应当建立娱乐场所违法行为警示记录系统；对列入警示记录的娱乐场所，应当及时向社会公布，并加大监督检查力度。

第三十五条　文化主管部门应当建立娱乐场所的经营活动信用监管制度，建立健全信用约束机制，并及时公布行政处罚信息。

第三十六条　文化主管部门、公安部门和其他有关部门应当建立相互间的信息通报制度，及时通报监督检查情况和处理结果。

第三十七条　任何单位或者个人发现娱乐场所内有违反本条例行为的，有权向文化主管部门、公安部门等有关部门举报。

文化主管部门、公安部门等有关部门接到举报，应当记录，并及时依法调查、处理；对不属于本部门职责范围的，应当及时移送有关部门。

第三十八条 上级人民政府文化主管部门、公安部门在必要时，可以依照本条例的规定调查、处理由下级人民政府文化主管部门、公安部门调查、处理的案件。

下级人民政府文化主管部门、公安部门认为案件重大、复杂的，可以请求移送上级人民政府文化主管部门、公安部门调查、处理。

第三十九条 文化主管部门、公安部门和其他有关部门及其工作人员违反本条例规定的，任何单位或者个人可以向依法有权处理的本级或者上一级机关举报。接到举报的机关应当依法及时调查、处理。

第四十条 娱乐场所行业协会应当依照章程的规定，制定行业自律规范，加强对会员经营活动的指导、监督。

第四十三条 娱乐场所实施本条例第十四条禁止行为的，由县级公安部门没收违法所得和非法财物，责令停业整顿 3 个月至 6 个月；情节严重的，由原发证机关吊销娱乐经营许可证，对直接负责的主管人员和其他直接责任人员处 1 万元以上 2 万元以下的罚款。

第五十一条 娱乐场所未按照本条例规定悬挂警示标志、未成年人禁入或者限入标志的，由县级人民政府文化主管部门、县级公安部门依据法定职权责令改正，给予警告。

吸毒成瘾认定办法

（2011 年 1 月 30 日公安部令第 115 号发布　根据 2016 年 12 月 29 日公安部、国家卫生和计划生育委员会令第 142 号《关于修改〈吸毒成瘾认定办法〉的决定》修订）

第一条 为规范吸毒成瘾认定工作，科学认定吸毒成瘾人员，依法对吸毒成瘾人员采取戒毒措施和提供戒毒治疗,根据《中华人民共和国禁毒法》、《戒毒条例》,制定本办法。

第二条 本办法所称吸毒成瘾,是指吸毒人员因反复使用毒品而导致的慢性复发性脑病,表现为不顾不良后果、强迫性寻求及使用毒品的行为,常伴有不同程度的个人健康及社会功能损害。

第三条 本办法所称吸毒成瘾认定,是指公安机关或者其委托的戒毒医疗机构通过对吸毒人员进行人体生物样本检测、收集其吸毒证据或者根据生理、心理、精神的症状、体征等情况,判断其是否成瘾以及是否成瘾严重的工作。

本办法所称戒毒医疗机构,是指符合《戒毒医疗服务管理暂行办法》规定的专科戒毒医院和设有戒毒治疗科室的其他医疗机构。

第四条 公安机关在执法活动中发现吸毒人员,应当进行吸毒成瘾认定;因技术原因认定有困难的,可以委托有资质的戒毒医疗机构进行认定。

第五条 承担吸毒成瘾认定工作的戒毒医疗机构,由省级卫生计生行政部门会同同级公安机关指定。

第六条 公安机关认定吸毒成瘾,应当由两名以上人民警察进行,并在作出人体生物样本检测结论的二十四小时内提出认定意见,由认定人员签名,经所在单位负责人审核,加盖所在单位印章。

有关证据材料,应当作为认定意见的组成部分。

第七条 吸毒人员同时具备以下情形的,公安机关认定其吸毒成瘾:

(一)经血液、尿液和唾液等人体生物样本检测证明其体内含有毒品成分;

(二)有证据证明其有使用毒品行为;

(三)有戒断症状或者有证据证明吸毒史,包括曾经因使用毒品被公安机关查处、曾经进行自愿戒毒、人体毛发样品检测出毒品成分等情形。

戒断症状的具体情形,参照卫生部制定的《阿片类药物依赖诊断治疗指导原则》和《苯丙胺类药物依赖诊断治疗指导原则》、《氯胺酮依赖诊断治疗指导原则》确定。

第八条　吸毒成瘾人员具有下列情形之一的，公安机关认定其吸毒成瘾严重：

（一）曾经被责令社区戒毒、强制隔离戒毒（含《禁毒法》实施以前被强制戒毒或者劳教戒毒）、社区康复或者参加过戒毒药物维持治疗，再次吸食、注射毒品的；

（二）有证据证明其采取注射方式使用毒品或者至少三次使用累计涉及两类以上毒品的；

（三）有证据证明其使用毒品后伴有聚众淫乱、自伤自残或者暴力侵犯他人人身、财产安全或者妨害公共安全等行为的。

第九条　公安机关在吸毒成瘾认定过程中实施人体生物样本检测，依照公安部制定的《吸毒检测程序规定》的有关规定执行。

第十条　公安机关承担吸毒成瘾认定工作的人民警察，应当同时具备以下条件：

（一）具有二级警员以上警衔及两年以上相关执法工作经历；

（二）经省级公安机关、卫生计生行政部门组织培训并考核合格。

第十一条　公安机关委托戒毒医疗机构进行吸毒成瘾认定的，应当在吸毒人员末次吸毒的七十二小时内予以委托并提交委托函。超过七十二小时委托的，戒毒医疗机构可以不予受理。

第十二条　承担吸毒成瘾认定工作的戒毒医疗机构及其医务人员，应当依照《戒毒医疗服务管理暂行办法》的有关规定进行吸毒成瘾认定工作。

第十三条　戒毒医疗机构认定吸毒成瘾，应当由两名承担吸毒成瘾认定工作的医师进行。

第十四条　承担吸毒成瘾认定工作的医师，应当同时具备以下条件：

（一）符合《戒毒医疗服务管理暂行办法》的有关规定；

（二）从事戒毒医疗工作不少于三年；

（三）具有中级以上专业技术职务任职资格。

第十五条　戒毒医疗机构对吸毒人员采集病史和体格检查时，委托认定的公安机关应当派有关人员在场协助。

第十六条　戒毒医疗机构认为需要对吸毒人员进行人体生物样本检测的，委托认定的公安机关应当协助提供现场采集的检测样本。

戒毒医疗机构认为需要重新采集其他人体生物检测样本的，委托认定的公安机关应当予以协助。

第十七条　戒毒医疗机构使用的检测试剂，应当是经国家食品药品监督管理局批准的产品，并避免与常见药物发生交叉反应。

第十八条　戒毒医疗机构及其医务人员应当依照诊疗规范、常规和有关规定，结合吸毒人员的病史、精神症状检查、体格检查和人体生物样本检测结果等，对吸毒人员进行吸毒成瘾认定。

第十九条　戒毒医疗机构应当自接受委托认定之日起三个工作日内出具吸毒成瘾认定报告，由认定人员签名并加盖戒毒医疗机构公章。认定报告一式二份，一份交委托认定的公安机关，一份留存备查。

第二十条　委托戒毒医疗机构进行吸毒成瘾认定的费用由委托单位承担。

第二十一条　各级公安机关、卫生计生行政部门应当加强对吸毒成瘾认定工作的指导和管理。

第二十二条　任何单位和个人不得违反规定泄露承担吸毒成瘾认定工作相关工作人员及被认定人员的信息。

第二十三条　公安机关、戒毒医疗机构以及承担认定工作的相关人员违反本办法规定的，依照有关法律法规追究责任。

第二十四条　本办法所称的两类及以上毒品是指阿片类（包括鸦片、吗啡、海洛因、杜冷丁等），苯丙胺类（包括各类苯丙胺衍生物），大麻类，可卡因类，以及氯胺酮等其他类毒品。

第二十五条　本办法自2011年4月1日起施行。

吸毒检测程序规定

（2009年9月27日公安部令第110号发布　根据2016年12月16日公安部令第141号《关于修改〈吸毒检测程序规定〉的决定》修订）

第一条　为规范公安机关吸毒检测工作，保护当事人的合法权益，根据《中华人民共和国禁毒法》、《戒毒条例》等有关法律规定，制定本规定。

第二条　吸毒检测是运用科学技术手段对涉嫌吸毒的人员进行生物医学检测，为公安机关认定吸毒行为提供科学依据的活动。

吸毒检测的对象，包括涉嫌吸毒的人员，被决定执行强制隔离戒毒的人员，被公安机关责令接受社区戒毒和社区康复的人员，以及戒毒康复场所内的戒毒康复人员。

第三条　吸毒检测分为现场检测、实验室检测、实验室复检。

第四条　现场检测由县级以上公安机关或者其派出机构进行。

实验室检测由县级以上公安机关指定的取得检验鉴定机构资格的实验室或者有资质的医疗机构进行。

实验室复检由县级以上公安机关指定的取得检验鉴定机构资格的实验室进行。

实验室检测和实验室复检不得由同一检测机构进行。

第五条　吸毒检测样本的采集应当使用专用器材。现场检测器材应当是国家主管部门批准生产或者进口的合格产品。

第六条 检测样本为采集的被检测人员的尿液、血液、唾液或者毛发等生物样本。

第七条 被检测人员拒绝接受检测的，经县级以上公安机关或者其派出机构负责人批准，可以对其进行强制检测。

第八条 公安机关采集、送检、检测样本，应当由两名以上工作人员进行；采集女性被检测人尿液检测样本，应当由女性工作人员进行。

采集的检测样本经现场检测结果为阳性的，应当分别保存在 A、B 两个样本专用器材中并编号，由采集人和被采集人共同签字封存，采用检材适宜的条件予以保存，保存期不得少于六个月。

第九条 现场检测应当出具检测报告，由检测人签名，并加盖检测的公安机关或者其派出机构的印章。

现场检测结果应当当场告知被检测人，并由被检测人在检测报告上签名。被检测人拒不签名的，公安民警应当在检测报告上注明。

第十条 被检测人对现场检测结果有异议的，可以在被告知检测结果之日起的三日内，向现场检测的公安机关提出实验室检测申请。

公安机关应当在接到实验室检测申请后的三日内作出是否同意进行实验室检测的决定，并将结果告知被检测人。

第十一条 公安机关决定进行实验室检测的，应当在作出实验室检测决定后的三日内，将保存的 A 样本送交县级以上公安机关指定的具有检验鉴定资格的实验室或者有资质的医疗机构。

第十二条 接受委托的实验室或者医疗机构应当在接到检测样本后的三日内出具实验室检测报告，由检测人签名，并加盖检测机构公章后，送委托实验室检测的公安机关。公安机关收到检测报告后，应当在二十四小时内将检测结果告知被检测人。

第十三条 被检测人对实验室检测结果有异议的，可以在被告知检测结果后的三日内，向现场检测的公安机关提出实验室复检申请。

公安机关应当在接到实验室复检申请后的三日内作出是否同意进行实验室复检的决定，并将结果告知被检测人。

第十四条 公安机关决定进行实验室复检的，应当在作出实验室复检决定后的三日内，将保存的 B 样本送交县级以上公安机关指定的具有检验鉴定资格的实验室。

第十五条 接受委托的实验室应当在接到检测样本后的三日内出具检测报告，由检测人签名，并加盖专用鉴定章后，送委托实验室复检的公安机关。公安机关收到检测报告后，应当在二十四小时内将检测结果告知被检测人。

第十六条 接受委托的实验室检测机构或者实验室复检机构认为送检样本不符合检测条件的，应当报县级以上公安机关或者其派出机构负责人批准后，由公安机关根据检测机构的意见，重新采集检测样本。

第十七条 被检测人是否申请实验室检测和实验室复检，不影响案件的正常办理。

第十八条 现场检测费用、实验室检测、实验室复检的费用由公安机关承担。

第十九条 公安机关、鉴定机构或者其工作人员违反本规定，有下列情形之一的，应当依照有关规定，对相关责任人给予纪律处分或者行政处分；构成犯罪的，依法追究刑事责任：

（一）因严重不负责任给当事人合法权益造成重大损害的；

（二）故意提供虚假检测报告的；

（三）法律、行政法规规定的其他情形。

第二十条 吸毒检测的技术标准由公安部另行制定。

第二十一条 本规定所称“以上”、“内”皆包含本级或者本数，“日”是指工作日。

第二十二条 本规定自 2010 年 1 月 1 日起施行。

公安部关于执行《中华人民共和国禁毒法》有关问题的批复

（2008年12月23日　公复字〔2008〕7号）

北京市公安局：

你局《关于执行中华人民共和国禁毒法有关问题的请示》（京公法字〔2008〕1349号）收悉。现批复如下：

一、对吸食、注射毒品人员，无论成瘾与否，应当根据《中华人民共和国治安管理处罚法》第七十二条的规定，予以治安管理处罚。但是，吸毒人员主动到公安机关登记或者到有资质的医疗机构接受戒毒治疗的，不予处罚。

二、《中华人民共和国禁毒法》规定的社区戒毒、强制隔离戒毒措施不是行政处罚，而是一种强制性的戒毒治疗措施。对吸毒成瘾人员，公安机关可以同时依法决定予以治安管理处罚和社区戒毒或者强制隔离戒毒。

三、对于同时被决定行政拘留和社区戒毒或者强制隔离戒毒的吸毒成瘾人员，且不属于《中华人民共和国治安管理处罚法》第二十一条规定情形的，应当先执行行政拘留，再执行社区戒毒或者强制隔离戒毒，行政拘留的期限不计人社区戒毒或者强制隔离戒毒的期限。拘留所不具备戒毒治疗条件的，可由公安机关管理的强制隔离戒毒所代为执行行政拘留。

二、毒品犯罪刑事处罚

中华人民共和国刑法（节录）

（1979年7月1日第五届全国人民代表大会第二次会议通过　1997年3月14日第八届全国人民代表大会第五次会议修订　根据1998年12月29日第九届全国人民代表大会常务委员会第六次会议通过的《关于惩治骗购外汇、逃汇和非法买卖外汇犯罪的决定》、1999年12月25日第九届全国人民代表大会常务委员会第十三次会议通过的《中华人民共和国刑法修正案》、2001年8月31日第九届全国人民代表大会常务委员会第二十三次会议通过的《中华人民共和国刑法修正案（二）》、2001年12月29日第九届全国人民代表大会常务委员会第二十五次会议通过的《中华人民共和国刑法修正案（三）》、2002年12月28日第九届全国人民代表大会常务委员会第三十一次会议通过的《中华人民共和国刑法修正案（四）》、2005年2月28日第十届全国人民代表大会常务委员会第十四次会议通过的《中华人民共和国刑法修正案（五）》、2006年6月29日第十届全国人民代表大会常务委员会第二十二次会议通过的《中华人民共和国刑法修正案（六）》、2009年2月28日第十一届全国人民代表大会常务委员会第七次会议通过的《中华人民共和国刑法修正案（七）》、2009年8月27日第十一届全国人民代表大会常务委员会第十次会议通过的《关于修改部分法律的决定》、2011 年 2 月 25 日第十一届全国人民代表大会常务委员会第十九次会议通过的《中华人民共和国刑法修正案(八)》、2015 年 8 月 29 日第十二届全国人民代表大会常务委员会第十六次会议通过的《中华人民共和国刑法修正案(九)》、2017 年 11 月 4 日第十二届全国人民代表大会常务委员会第三十次会议通过的《中华人民共和国刑法修正案(十)》、2020 年 12 月 26 日第十三届全国人民代表大会常务委员会第二十四次会议通过的《中华人民共和国刑法修正案(十一)》和 2023 年 12 月 29 日第十四届全国人民代表大会常务委员会第七次会议通过的《中华人民共和国刑法修正案(十二)》修正)*

第六十四条　【犯罪物品的处理】犯罪分子违法所得的一切财物,应当予以追缴或者责令退赔;对被害人的合法财产,应当及时返还;违禁品和供犯罪所用的本人财物,应当予以没收。没收的财物和罚金,一律上缴国库,不得挪用和自行处理。

第一百九十一条　【洗钱罪】为掩饰、隐瞒毒品犯罪、黑社会性质的组织犯罪、恐怖活动犯罪、走私犯罪、贪污贿赂犯罪、破坏金融管理秩序犯罪、金融诈骗犯罪的所得及其产生的收益的来源和性质,有下列行为之一的,没收实施以上犯罪的所得及其产生的收益,处五年以下有期徒刑或者拘役,并处或者单处罚金;情节严重的,处五年以上十年以下有期徒刑,并处罚金:

(一)提供资金帐户的;

(二)将财产转换为现金、金融票据、有价证券的;

(三)通过转帐或者其他支付结算方式转移资金的;

---

* 刑法、历次刑法修正案、涉及修改刑法的决定的施行日期,分别依据各法律所规定的施行日期确定。

(四)跨境转移资产的;

(五)以其他方法掩饰、隐瞒犯罪所得及其收益的来源和性质的。

单位犯前款罪的,对单位判处罚金,并对其直接负责的主管人员和其他直接责任人员,依照前款的规定处罚。

第二百九十五条 【传授犯罪方法罪】传授犯罪方法的,处五年以下有期徒刑、拘役或者管制;情节严重的,处五年以上十年以下有期徒刑;情节特别严重的,处十年以上有期徒刑或者无期徒刑。

第三百四十七条 【走私、贩卖、运输、制造毒品罪】走私、贩卖、运输、制造毒品,无论数量多少,都应当追究刑事责任,予以刑事处罚。

走私、贩卖、运输、制造毒品,有下列情形之一的,处十五年有期徒刑、无期徒刑或者死刑,并处没收财产:

(一)走私、贩卖、运输、制造鸦片一千克以上、海洛因或者甲基苯丙胺五十克以上或者其他毒品数量大的;

(二)走私、贩卖、运输、制造毒品集团的首要分子;

(三)武装掩护走私、贩卖、运输、制造毒品的;

(四)以暴力抗拒检查、拘留、逮捕,情节严重的;

(五)参与有组织的国际贩毒活动的。

走私、贩卖、运输、制造鸦片二百克以上不满一千克、海洛因或者甲基苯丙胺十克以上不满五十克或者其他毒品数量较大的,处七年以上有期徒刑,并处罚金。

走私、贩卖、运输、制造鸦片不满二百克、海洛因或者甲基苯丙胺不满十克或者其他少量毒品的,处三年以下有期徒刑、拘役或者管制,并处罚金;情节严重的,处三年以上七年以下有期徒刑,并处罚金。

单位犯第二款、第三款、第四款罪的,对单位判处罚金,并对其直接负责的主管人员和其他直接责任人员,依照各该款的规定处罚。

利用、教唆未成年人走私、贩卖、运输、制造毒品，或者向未成年人出售毒品的，从重处罚。

对多次走私、贩卖、运输、制造毒品，未经处理的，毒品数量累计计算。

第三百四十八条 【非法持有毒品罪】非法持有鸦片一千克以上、海洛因或者甲基苯丙胺五十克以上或者其他毒品数量大的，处七年以上有期徒刑或者无期徒刑，并处罚金；非法持有鸦片二百克以上不满一千克、海洛因或者甲基苯丙胺十克以上不满五十克或者其他毒品数量较大的，处三年以下有期徒刑、拘役或者管制，并处罚金；情节严重的，处三年以上七年以下有期徒刑，并处罚金。

第三百四十九条 【包庇毒品犯罪分子罪；窝藏、转移、隐瞒毒品、毒赃罪】包庇走私、贩卖、运输、制造毒品的犯罪分子的，为犯罪分子窝藏、转移、隐瞒毒品或者犯罪所得的财物的，处三年以下有期徒刑、拘役或者管制；情节严重的，处三年以上十年以下有期徒刑。

【包庇毒品犯罪分子罪】缉毒人员或者其他国家机关工作人员掩护、包庇走私、贩卖、运输、制造毒品的犯罪分子的，依照前款的规定从重处罚。

【走私、贩卖、运输、制造毒品罪】犯前两款罪，事先通谋的，以走私、贩卖、运输、制造毒品罪的共犯论处。

第三百五十条 【非法生产、买卖、运输制毒物品、走私制毒物品罪】违反国家规定，非法生产、买卖、运输醋酸酐、乙醚、三氯甲烷或者其他用于制造毒品的原料、配剂，或者携带上述物品进出境，情节较重的，处三年以下有期徒刑、拘役或者管制，并处罚金；情节严重的，处三年以上七年以下有期徒刑，并处罚金；情节特别严重的，处七年以上有期徒刑，并处罚金或者没收财产。

【制造毒品罪】明知他人制造毒品而为其生产、买卖、运输前款规定的物品的，以制造毒品罪的共犯论处。

单位犯前两款罪的，对单位判处罚金，并对其直接负责的主管人员和其他直接责任人员，依照前两款的规定处罚。

第三百五十一条　【非法种植毒品原植物罪】非法种植罂粟、大麻等毒品原植物的,一律强制铲除。有下列情形之一的,处五年以下有期徒刑、拘役或者管制,并处罚金:

(一)种植罂粟五百株以上不满三千株或者其他毒品原植物数量较大的;

(二)经公安机关处理后又种植的;

(三)抗拒铲除的。

非法种植罂粟三千株以上或者其他毒品原植物数量大的,处五年以上有期徒刑,并处罚金或者没收财产。

非法种植罂粟或者其他毒品原植物,在收获前自动铲除的,可以免除处罚。

第三百五十二条　【非法买卖、运输、携带、持有毒品原植物种子、幼苗罪】非法买卖、运输、携带、持有未经灭活的罂粟等毒品原植物种子或者幼苗,数量较大的,处三年以下有期徒刑、拘役或者管制,并处或者单处罚金。

第三百五十三条　【引诱、教唆、欺骗他人吸毒罪】引诱、教唆、欺骗他人吸食、注射毒品的,处三年以下有期徒刑、拘役或者管制,并处罚金;情节严重的,处三年以上七年以下有期徒刑,并处罚金。

【强迫他人吸毒罪】强迫他人吸食、注射毒品的,处三年以上十年以下有期徒刑,并处罚金。

引诱、教唆、欺骗或者强迫未成年人吸食、注射毒品的,从重处罚。

第三百五十四条　【容留他人吸毒罪】容留他人吸食、注射毒品的,处三年以下有期徒刑、拘役或者管制,并处罚金。

第三百五十五条　【非法提供麻醉药品、精神药品罪】依法从事生产、运输、管理、使用国家管制的麻醉药品、精神药品的人员,违反国家规定,向吸食、注射毒品的人提供国家规定管制的能够使人形成瘾癖的麻醉药品、精神药品的,处三年以下有期徒刑或者拘役,并处罚金;情节严重的,处三年以上七年以下有期徒刑,并处罚金。向走私、贩卖毒品的犯罪分子或者以牟利为目的，向吸食、注射毒品的人提供国家规定管制的能够使人形成瘾癖的麻醉药品、精神药品的，依照本法第三百四十七条的规定定罪处罚。

单位犯前款罪的，对单位判处罚金，并对其直接负责的主管人员和其他直接责任人员，依照前款的规定处罚。

最高人民法院关于审理毒品犯罪案件适用法律若干问题的解释

（2016年1月25日最高人民法院审判委员会第1676次会议通过　2016年4月6日公布　自2016年4月11日起施行　法释〔2016〕8号）

为依法惩治毒品犯罪，根据《中华人民共和国刑法》的有关规定，现就审理此类刑事案件适用法律的若干问题解释如下：

第一条　走私、贩卖、运输、制造、非法持有下列毒品，应当认定为刑法第三百四十七条第二款第一项、第三百四十八条规定的“其他毒品数量大”：

（一）可卡因五十克以上；

（二）3,4－亚甲二氧基甲基苯丙胺（MDMA）等苯丙胺类毒品（甲基苯丙胺除外）、吗啡一百克以上；

（三）芬太尼一百二十五克以上；

（四）甲卡西酮二百克以上；

（五）二氢埃托啡十毫克以上；

（六）哌替啶（度冷丁）二百五十克以上；

（七）氯胺酮五百克以上；

（八）美沙酮一千克以上；

（九）曲马多、γ－羟丁酸二千克以上；

（十）大麻油五千克、大麻脂十千克、大麻叶及大麻烟一百五十千克以上；

（十一）可待因、丁丙诺啡五千克以上；

（十二）三唑仑、安眠酮五十千克以上；

（十三）阿普唑仑、恰特草一百千克以上；

（十四）咖啡因、罂粟壳二百千克以上；

（十五）巴比妥、苯巴比妥、安钠咖、尼美西泮二百五十千克以上；

（十六）氯氮卓、艾司唑仑、地西泮、溴西泮五百千克以上；

（十七）上述毒品以外的其他毒品数量大的。

国家定点生产企业按照标准规格生产的麻醉药品或者精神药品被用于毒品犯罪的，根据药品中毒品成分的含量认定涉案毒品数量。

第二条 走私、贩卖、运输、制造、非法持有下列毒品，应当认定为刑法第三百四十七条第三款、第三百四十八条规定的“其他毒品数量较大”：

（一）可卡因十克以上不满五十克；

（二）3，4－亚甲二氧基甲基苯丙胺（MDMA）等苯丙胺类毒品（甲基苯丙胺除外）、吗啡二十克以上不满一百克；

（三）芬太尼二十五克以上不满一百二十五克；

（四）甲卡西酮四十克以上不满二百克；

（五）二氢埃托啡二毫克以上不满十毫克；

（六）哌替啶（度冷丁）五十克以上不满二百五十克；

（七）氯胺酮一百克以上不满五百克；

（八）美沙酮二百克以上不满一千克；

（九）曲马多、γ－羟丁酸四百克以上不满二千克；

（十）大麻油一千克以上不满五千克、大麻脂二千克以上不满十千克、大麻叶及大麻烟三十千克以上不满一百五十千克；

（十一）可待因、丁丙诺啡一千克以上不满五千克；

（十二）三唑仑、安眠酮十千克以上不满五十千克；

（十三）阿普唑仑、恰特草二十千克以上不满一百千克；

（十四）咖啡因、罂粟壳四十千克以上不满二百千克；

（十五）巴比妥、苯巴比妥、安钠咖、尼美西泮五十千克以上不满二百五十千克；

（十六）氯氮卓、艾司唑仑、地西泮、溴西泮一百千克以上不满五百千克；

（十七）上述毒品以外的其他毒品数量较大的。

第三条　在实施走私、贩卖、运输、制造毒品犯罪的过程中，携带枪支、弹药或者爆炸物用于掩护的，应当认定为刑法第三百四十七条第二款第三项规定的"武装掩护走私、贩卖、运输、制造毒品"。枪支、弹药、爆炸物种类的认定，依照相关司法解释的规定执行。

在实施走私、贩卖、运输、制造毒品犯罪的过程中，以暴力抗拒检查、拘留、逮捕，造成执法人员死亡、重伤、多人轻伤或者具有其他严重情节的，应当认定为刑法第三百四十七条第二款第四项规定的"以暴力抗拒检查、拘留、逮捕，情节严重"。

第四条　走私、贩卖、运输、制造毒品，具有下列情形之一的，应当认定为刑法第三百四十七条第四款规定的"情节严重"：

（一）向多人贩卖毒品或者多次走私、贩卖、运输、制造毒品的；

（二）在戒毒场所、监管场所贩卖毒品的；

（三）向在校学生贩卖毒品的；

（四）组织、利用残疾人、严重疾病患者、怀孕或者正在哺乳自己婴儿的妇女走私、贩卖、运输、制造毒品的；

（五）国家工作人员走私、贩卖、运输、制造毒品的；

（六）其他情节严重的情形。

第五条　非法持有毒品达到刑法第三百四十八条或者本解释第

二条规定的“数量较大”标准，且具有下列情形之一的，应当认定为刑法第三百四十八条规定的“情节严重”：

（一）在戒毒场所、监管场所非法持有毒品的；

（二）利用、教唆未成年人非法持有毒品的；

（三）国家工作人员非法持有毒品的；

（四）其他情节严重的情形。

第六条 包庇走私、贩卖、运输、制造毒品的犯罪分子，具有下列情形之一的，应当认定为刑法第三百四十九条第一款规定的“情节严重”：

（一）被包庇的犯罪分子依法应当判处十五年有期徒刑以上刑罚的；

（二）包庇多名或者多次包庇走私、贩卖、运输、制造毒品的犯罪分子的；

（三）严重妨害司法机关对被包庇的犯罪分子实施的毒品犯罪进行追究的；

（四）其他情节严重的情形。

为走私、贩卖、运输、制造毒品的犯罪分子窝藏、转移、隐瞒毒品或者毒品犯罪所得的财物，具有下列情形之一的，应当认定为刑法第三百四十九条第一款规定的“情节严重”：

（一）为犯罪分子窝藏、转移、隐瞒毒品达到刑法第三百四十七条第二款第一项或者本解释第一条第一款规定的“数量大”标准的；

（二）为犯罪分子窝藏、转移、隐瞒毒品犯罪所得的财物价值达到五万元以上的；

（三）为多人或者多次为他人窝藏、转移、隐瞒毒品或者毒品犯罪所得的财物的；

（四）严重妨害司法机关对该犯罪分子实施的毒品犯罪进行追究的；

（五）其他情节严重的情形。

包庇走私、贩卖、运输、制造毒品的近亲属，或者为其窝藏、转移、隐瞒毒品或者毒品犯罪所得的财物,不具有本条前两款规定的“情节严重”情形,归案后认罪、悔罪、积极退赃,且系初犯、偶犯,犯罪情节轻微不需要判处刑罚的,可以免予刑事处罚。

第七条 违反国家规定,非法生产、买卖、运输制毒物品、走私制毒物品,达到下列数量标准的,应当认定为刑法第三百五十条第一款规定的“情节较重”:

(一)麻黄碱(麻黄素)、伪麻黄碱(伪麻黄素)、消旋麻黄碱(消旋麻黄素)一千克以上不满五千克;

(二)1－苯基－2－丙酮、1－苯基－2－溴－1－丙酮、3,4－亚甲基二氧苯基－2－丙酮、羟亚胺二千克以上不满十千克;

(三)3－氧－2－苯基丁腈、邻氯苯基环戊酮、去甲麻黄碱(去甲麻黄素)、甲基麻黄碱(甲基麻黄素)四千克以上不满二十千克;

(四)醋酸酐十千克以上不满五十千克;

(五)麻黄浸膏、麻黄浸膏粉、胡椒醛、黄樟素、黄樟油、异黄樟素、麦角酸、麦角胺、麦角新碱、苯乙酸二十千克以上不满一百千克;

(六)N－乙酰邻氨基苯酸、邻氨基苯甲酸、三氯甲烷、乙醚、哌啶五十千克以上不满二百五十千克;

(七)甲苯、丙酮、甲基乙基酮、高锰酸钾、硫酸、盐酸一百千克以上不满五百千克;

(八)其他制毒物品数量相当的。

违反国家规定,非法生产、买卖、运输制毒物品、走私制毒物品,达到前款规定的数量标准最低值的百分之五十,且具有下列情形之一的,应当认定为刑法第三百五十条第一款规定的“情节较重”:

(一)曾因非法生产、买卖、运输制毒物品、走私制毒物品受过刑事处罚的;

(二)二年内曾因非法生产、买卖、运输制毒物品、走私制毒物品受过行政处罚的;

(三)一次组织五人以上或者多次非法生产、买卖、运输制毒物品、走私制毒物品,或者在多个地点非法生产制毒物品的;

（四）利用、教唆未成年人非法生产、买卖、运输制毒物品、走私制毒物品的；

（五）国家工作人员非法生产、买卖、运输制毒物品、走私制毒物品的；

（六）严重影响群众正常生产、生活秩序的；

（七）其他情节较重的情形。

易制毒化学品生产、经营、购买、运输单位或者个人未办理许可证明或者备案证明，生产、销售、购买、运输易制毒化学品，确实用于合法生产、生活需要的，不以制毒物品犯罪论处。

第八条 违反国家规定，非法生产、买卖、运输制毒物品、走私制毒物品，具有下列情形之一的，应当认定为刑法第三百五十条第一款规定的“情节严重”：

（一）制毒物品数量在本解释第七条第一款规定的最高数量标准以上，不满最高数量标准五倍的；

（二）达到本解释第七条第一款规定的数量标准，且具有本解释第七条第二款第三项至第六项规定的情形之一的；

（三）其他情节严重的情形。

违反国家规定，非法生产、买卖、运输制毒物品、走私制毒物品，具有下列情形之一的，应当认定为刑法第三百五十条第一款规定的“情节特别严重”：

（一）制毒物品数量在本解释第七条第一款规定的最高数量标准五倍以上的；

（二）达到前款第一项规定的数量标准，且具有本解释第七条第二款第三项至第六项规定的情形之一的；

（三）其他情节特别严重的情形。

第九条 非法种植毒品原植物，具有下列情形之一的，应当认定为刑法第三百五十一条第一款第一项规定的“数量较大”：

（一）非法种植大麻五千株以上不满三万株的；

（二）非法种植罂粟二百平方米以上不满一千二百平方米、大麻

二千平方米以上不满一万二千平方米,尚未出苗的;

(三)非法种植其他毒品原植物数量较大的。

非法种植毒品原植物,达到前款规定的最高数量标准的,应当认定为刑法第三百五十一条第二款规定的“数量大”。

第十条 非法买卖、运输、携带、持有未经灭活的毒品原植物种子或者幼苗,具有下列情形之一的,应当认定为刑法第三百五十二条规定的“数量较大”:

(一)罂粟种子五十克以上、罂粟幼苗五千株以上的;

(二)大麻种子五十千克以上、大麻幼苗五万株以上的;

(三)其他毒品原植物种子或者幼苗数量较大的。

第十一条 引诱、教唆、欺骗他人吸食、注射毒品,具有下列情形之一的,应当认定为刑法第三百五十三条第一款规定的“情节严重”:

(一)引诱、教唆、欺骗多人或者多次引诱、教唆、欺骗他人吸食、注射毒品的;

(二)对他人身体健康造成严重危害的;

(三)导致他人实施故意杀人、故意伤害、交通肇事等犯罪行为的;

(四)国家工作人员引诱、教唆、欺骗他人吸食、注射毒品的;

(五)其他情节严重的情形。

第十二条 容留他人吸食、注射毒品,具有下列情形之一的,应当依照刑法第三百五十四条的规定,以容留他人吸毒罪定罪处罚:

(一)一次容留多人吸食、注射毒品的;

(二)二年内多次容留他人吸食、注射毒品的;

(三)二年内曾因容留他人吸食、注射毒品受过行政处罚的;

(四)容留未成年人吸食、注射毒品的;

(五)以牟利为目的容留他人吸食、注射毒品的;

(六)容留他人吸食、注射毒品造成严重后果的;

(七)其他应当追究刑事责任的情形。

向他人贩卖毒品后又容留其吸食、注射毒品,或者容留他人吸食、注射毒品并向其贩卖毒品,符合前款规定的容留他人吸毒罪的定罪条件的,以贩卖毒品罪和容留他人吸毒罪数罪并罚。

容留近亲属吸食、注射毒品,情节显著轻微危害不大的,不作为犯罪处理;需要追究刑事责任的,可以酌情从宽处罚。

第十三条　依法从事生产、运输、管理、使用国家管制的麻醉药品、精神药品的人员,违反国家规定,向吸食、注射毒品的人提供国家规定管制的能够使人形成瘾癖的麻醉药品、精神药品,具有下列情形之一的,应当依照刑法第三百五十五条第一款的规定,以非法提供麻醉药品、精神药品罪定罪处罚:

(一)非法提供麻醉药品、精神药品达到刑法第三百四十七条第三款或者本解释第二条规定的"数量较大"标准最低值的百分之五十,不满"数量较大"标准的;

(二)二年内曾因非法提供麻醉药品、精神药品受过行政处罚的;

(三)向多人或者多次非法提供麻醉药品、精神药品的;

(四)向吸食、注射毒品的未成年人非法提供麻醉药品、精神药品的;

(五)非法提供麻醉药品、精神药品造成严重后果的;

(六)其他应当追究刑事责任的情形。

具有下列情形之一的,应当认定为刑法第三百五十五条第一款规定的"情节严重":

(一)非法提供麻醉药品、精神药品达到刑法第三百四十七条第三款或者本解释第二条规定的"数量较大"标准的;

(二)非法提供麻醉药品、精神药品达到前款第一项规定的数量标准,且具有前款第三项至第五项规定的情形之一的;

(三)其他情节严重的情形。

第十四条　利用信息网络,设立用于实施传授制造毒品、非法生产制毒物品的方法,贩卖毒品,非法买卖制毒物品或者组织他人吸食、注射毒品等违法犯罪活动的网站、通讯群组,或者发布实施前述违法犯罪活动的信息，情节严重的，应当依照刑法第二百八十七条之一的规定，以非法利用信息网络罪定罪处罚。

实施刑法第二百八十七条之一、第二百八十七条之二规定的行为，同时构成贩卖毒品罪、非法买卖制毒物品罪、传授犯罪方法罪等犯罪的，依照处罚较重的规定定罪处罚。

第十五条　本解释自2016年4月11日起施行。《最高人民法院关于审理毒品案件定罪量刑标准有关问题的解释》（法释〔2000〕13号）同时废止；之前发布的司法解释和规范性文件与本解释不一致的，以本解释为准。

最高人民法院、最高人民检察院、公安部办理毒品犯罪案件适用法律若干问题的意见

（2007年12月18日　公通字〔2007〕84号）

一、关于毒品犯罪案件的管辖问题

根据刑事诉讼法的规定，毒品犯罪案件的地域管辖，应当坚持以犯罪地管辖为主、被告人居住地管辖为辅的原则。

“犯罪地”包括犯罪预谋地，毒资筹集地，交易进行地，毒品生产地，毒资、毒赃和毒品的藏匿地、转移地，走私或者贩运毒品的目的地以及犯罪嫌疑人被抓获地等。

“被告人居住地”包括被告人常住地、户籍地及其临时居住地。

对怀孕、哺乳期妇女走私、贩卖、运输毒品案件,查获地公安机关认为移交其居住地管辖更有利于采取强制措施和查清犯罪事实的,可以报请共同的上级公安机关批准,移送犯罪嫌疑人居住地公安机关办理,查获地公安机关应继续配合。

公安机关对侦办跨区域毒品犯罪案件的管辖权有争议的,应本着有利于查清犯罪事实,有利于诉讼,有利于保障案件侦查安全的原则,认真协商解决。经协商无法达成一致的,报共同的上级公安机关指定管辖。对即将侦查终结的跨省(自治区、直辖市)重大毒品案件,必要时可由公安部商最高人民法院和最高人民检察院指定管辖。

为保证及时结案,避免超期羁押,人民检察院对于公安机关移送审查起诉的案件,人民法院对于已进入审判程序的案件,被告人及其辩护人提出管辖异议或者办案单位发现没有管辖权的,受案人民检察院、人民法院经审查可以依法报请上级人民检察院、人民法院指定管辖,不再自行移送有管辖权的人民检察院、人民法院。

二、关于毒品犯罪嫌疑人、被告人主观明知的认定问题

走私、贩卖、运输、非法持有毒品主观故意中的"明知",是指行为人知道或者应当知道所实施的行为是走私、贩卖、运输、非法持有毒品行为。具有下列情形之一,并且犯罪嫌疑人、被告人不能做出合理解释的,可以认定其"应当知道",但有证据证明确属被蒙骗的除外:

(一)执法人员在口岸、机场、车站、港口和其他检查站检查时,要求行为人申报为他人携带的物品和其他疑似毒品物,并告知其法律责任,而行为人未如实申报,在其所携带的物品内查获毒品的;

(二)以伪报、藏匿、伪装等蒙蔽手段逃避海关、边防等检查,在其携带、运输、邮寄的物品中查获毒品的;

(三)执法人员检查时,有逃跑、丢弃携带物品或逃避、抗拒检查等行为,在其携带或丢弃的物品中查获毒品的;

(四)体内藏匿毒品的;

（五）为获取不同寻常的高额或不等值的报酬而携带、运输毒品的；

（六）采用高度隐蔽的方式携带、运输毒品的；

（七）采用高度隐蔽的方式交接毒品，明显违背合法物品惯常交接方式的；

（八）其他有证据足以证明行为人应当知道的。

三、关于办理氯胺酮等毒品案件定罪量刑标准问题

（一）走私、贩卖、运输、制造、非法持有下列毒品，应当认定为刑法第三百四十七条第二款第（一）项、第三百四十八条规定的“其他毒品数量大”：

1. 二亚甲基双氧安非他明（MDMA）等苯丙胺类毒品（甲基苯丙胺除外）100 克以上；

2. 氯胺酮、美沙酮 1 千克以上；

3. 三唑仑、安眠酮 50 千克以上；

4. 氯氮卓、艾司唑仑、地西泮、溴西泮 500 千克以上；

5. 上述毒品以外的其他毒品数量大的。

（二）走私、贩卖、运输、制造、非法持有下列毒品，应当认定为刑法第三百四十七条第三款、第三百四十八条规定的“其他毒品数量较大”：

1. 二亚甲基双氧安非他明（MDMA）等苯丙胺类毒品（甲基苯丙胺除外）20 克以上不满 100 克的；

2. 氯胺酮、美沙酮 200 克以上不满 1 千克的；

3. 三唑仑、安眠酮 10 千克以上不满 50 千克的；

4. 氯氮卓、艾司唑仑、地西泮、溴西泮 100 千克以上不满 500 千克的；

5. 上述毒品以外的其他毒品数量较大的。

（三）走私、贩卖、运输、制造下列毒品，应当认定为刑法第三百四十七条第四款规定的“其他少量毒品”：

1. 二亚甲基双氧安非他明（MDMA）等苯丙胺类毒品（甲基苯丙

胺除外)不满20克的;

2. 氯胺酮、美沙酮不满200克的;

3. 三唑仑、安眠酮不满10千克的;

4. 氯氮卓、艾司唑仑、地西泮、溴西泮不满100千克的;

5. 上述毒品以外的其他少量毒品的。

(四)上述毒品品种包括其盐和制剂。毒品鉴定结论中毒品品名的认定应当以国家食品药品监督管理局、公安部、卫生部最新发布的《麻醉药品品种目录》、《精神药品品种目录》为依据。

四、关于死刑案件的毒品含量鉴定问题

可能判处死刑的毒品犯罪案件,毒品鉴定结论中应有含量鉴定的结论。

最高人民法院、最高人民检察院、公安部关于办理制毒物品犯罪案件适用法律若干问题的意见

(2009年6月23日　公通字〔2009〕33号)

各省、自治区、直辖市高级人民法院、人民检察院、公安厅、局,新疆维吾尔自治区高级人民法院生产建设兵团分院、新疆生产建设兵团人民检察院、公安局:

为依法惩治走私制毒物品、非法买卖制毒物品犯罪活动,根据刑法有关规定,结合司法实践,现就办理制毒物品犯罪案件适用法律的

若干问题制定如下意见：

一、关于制毒物品犯罪的认定

（一）本意见中的“制毒物品”，是指刑法第三百五十条第一款规定的醋酸酐、乙醚、三氯甲烷或者其他用于制造毒品的原料或者配剂，具体品种范围按照国家关于易制毒化学品管理的规定确定。

（二）违反国家规定，实施下列行为之一的，认定为刑法第三百五十条规定的非法买卖制毒物品行为：

1. 未经许可或者备案，擅自购买、销售易制毒化学品的；

2. 超出许可证明或者备案证明的品种、数量范围购买、销售易制毒化学品的；

3. 使用他人的或者伪造、变造、失效的许可证明或者备案证明购买、销售易制毒化学品的；

4. 经营单位违反规定，向无购买许可证明、备案证明的单位、个人销售易制毒化学品的，或者明知购买者使用他人的或者伪造、变造、失效的购买许可证明、备案证明，向其销售易制毒化学品的；

5. 以其他方式非法买卖易制毒化学品的。

（三）易制毒化学品生产、经营、使用单位或者个人未办理许可证明或者备案证明，购买、销售易制毒化学品，如果有证据证明确实用于合法生产、生活需要，依法能够办理只是未及时办理许可证明或者备案证明，且未造成严重社会危害的，可不以非法买卖制毒物品罪论处。

（四）为了制造毒品或者走私、非法买卖制毒物品犯罪而采用生产、加工、提炼等方法非法制造易制毒化学品的，根据刑法第二十二条的规定，按照其制造易制毒化学品的不同目的，分别以制造毒品、走私制毒物品、非法买卖制毒物品的预备行为论处。

（五）明知他人实施走私或者非法买卖制毒物品犯罪，而为其运输、储存、代理进出口或者以其他方式提供便利的，以走私或者非法买卖制毒物品罪的共犯论处。

（六）走私、非法买卖制毒物品行为同时构成其他犯罪的，依照处罚较重的规定定罪处罚。

二、关于制毒物品犯罪嫌疑人、被告人主观明知的认定

对于走私或者非法买卖制毒物品行为，有下列情形之一，且查获了易制毒化学品，结合犯罪嫌疑人、被告人的供述和其他证据，经综合审查判断，可以认定其"明知"是制毒物品而走私或者非法买卖，但有证据证明确属被蒙骗的除外：

1. 改变产品形状、包装或者使用虚假标签、商标等产品标志的；

2. 以藏匿、夹带或者其他隐蔽方式运输、携带易制毒化学品逃避检查的；

3. 抗拒检查或者在检查时丢弃货物逃跑的；

4. 以伪报、藏匿、伪装等蒙蔽手段逃避海关、边防等检查的；

5. 选择不设海关或者边防检查站的路段绕行出入境的；

6. 以虚假身份、地址办理托运、邮寄手续的；

7. 以其他方法隐瞒真相，逃避对易制毒化学品依法监管的。

三、关于制毒物品犯罪定罪量刑的数量标准

（一）违反国家规定，非法运输、携带制毒物品进出境或者在境内非法买卖制毒物品达到下列数量标准的，依照刑法第三百五十条第一款的规定，处三年以下有期徒刑、拘役或者管制，并处罚金：

1. 1－苯基－2－丙酮五千克以上不满五十千克；

2. 3,4－亚甲基二氧苯基－2－丙酮、去甲麻黄素（去甲麻黄碱）、甲基麻黄素（甲基麻黄碱）、羟亚胺及其盐类十千克以上不满一百千克；

3. 胡椒醛、黄樟素、黄樟油、异黄樟素、麦角酸、麦角胺、麦角新碱、苯乙酸二十千克以上不满二百千克；

4. N－乙酰邻氨基苯酸、邻氨基苯甲酸、哌啶一百五十千克以上不满一千五百千克；

5. 甲苯、丙酮、甲基乙基酮、高锰酸钾、硫酸、盐酸四百千克以上不满四千千克；

6. 其他用于制造毒品的原料或者配剂相当数量的。

（二）违反国家规定，非法买卖或者走私制毒物品，达到或者超过前款所列最高数量标准的，认定为刑法第三百五十条第一款规定的“数量大的”，处三年以上十年以下有期徒刑，并处罚金。

三、典 型 案 例

涉“毒”必严、涉“瘾”必惩、涉“末”必重！最高法发布10件典型案例

（2024年6月25日）

案例一

白某日走私、贩卖毒品、组织他人偷越国(边)境、非法拘禁案

——组成犯罪团伙并组织、指挥他人大肆走私、贩卖毒品，罪行极其严重，被依法严惩

一、基本案情

被告人白某日，男，1981年12月25日出生，无业。

2017年7月，被告人白某日招募多人组成犯罪团伙盘踞在境外，向国内走私、贩卖毒品。白某日犯罪团伙在境外多地建立吞毒点，利用互联网发布虚假招工信息，诱骗、招募和组织曹某（同案被告人，已判刑）、韩某宇（未成年人，已另案判刑）等数十人从境内偷渡至境外，

并集中在上述吞毒点看管，以暴力或者限制人身自由、扣押手机和身份证等手段逼迫上述人员吞下包装好的海洛因，采用体内藏毒等方式走私毒品入境并运往云南省昆明市、四川省成都市等地贩卖。白某日还安排人员在昆明市、成都市等地建立多个排毒点，用于接应走私毒品入境的吞毒人员、接收毒品并交予下家。白某日负责该犯罪团伙全部犯罪活动，包括组织毒品货源及销路，对资金、人员进行管理等。截至2018年8月，白某日犯罪团伙多次组织他人向国内走私、贩卖海洛因累计2万余克。

二、裁判结果

本案由四川省成都市中级人民法院一审，四川省高级人民法院二审。最高人民法院进行死刑复核。

法院认为，被告人白某日违反国家毒品管理规定，伙同他人走私、贩卖海洛因，其行为构成走私、贩卖毒品罪；非法组织他人偷越国(边)境，其行为构成组织他人偷越国(边)境罪；非法限制他人人身自由，其行为构成非法拘禁罪，应依法并罚。白某日走私、贩卖毒品数量大，罪行极其严重，系共同犯罪中地位和作用最为突出的主犯，且利用未成年人走私毒品，应依法从重处罚。据此，依法对被告人白某日以走私、贩卖毒品罪判处(核准)死刑，剥夺政治权利终身，并处没收个人全部财产。

罪犯白某日已于2024年4月30日被依法执行死刑。

三、典型意义

走私、大宗贩卖毒品等源头性毒品犯罪历来是打击重点，人民法院在审理此类案件时，始终坚持依法从严惩处的方针，对于走私、大宗贩卖毒品犯罪团伙中罪行极其严重的犯罪分子，符合判处死刑条件的，坚决依法判处。本案是境外犯罪团伙将毒品走私入境并贩卖的跨境毒品犯罪。参与人员众多，涉案毒品数量巨大。被告人白某日组成犯罪团伙，组织数十人将大量海洛因走私入境贩卖，特别是诱骗并拘禁逼迫未成年人走私毒品，应依法从重处罚。对白某日判处死刑，体现了对毒品犯罪团伙中罪责最为严重的犯罪分子的严厉惩处，充分发挥了刑罚的功能作用。此案也提醒广大社会公众特别是青年群体，不要轻易被“高薪”蒙蔽双眼，应审慎识别招工信息，理性求职，增强自我保护意识。

案例二

李某红贩卖、运输毒品案

——因病被暂予监外执行期间纠集他人跨省贩运毒品，罪行极其严重，被依法严惩

一、基本案情

被告人李某红，男，1976年7月9日出生，无业。曾因犯寻衅滋事罪被判处有期徒刑一年六个月，犯抢劫罪、故意伤害罪被判处有期徒刑七年，并处罚金人民币五千元；2018年3月6日因犯非法买卖制毒物品罪被判处有期徒刑四年，并处罚金人民币三万元，2019年4月26日因病被暂予监外执行。

2021年10月，被告人李某红在因病被暂予监外执行期间，与女友孙某芸（同案被告人，已判刑）共谋从云南省购买毒品运回湖南省张家界市贩卖。李某红联系毒品上家，亲自或指使孙某芸向上家支付毒资，并雇用孙某、黄某念（同案被告人，均已判刑）前往云南运输毒品。同年10月29日，公安机关在云南省景洪市将接取到毒品的孙某、黄某念抓获，并从二人驾驶的越野车内查获甲基苯丙胺（冰毒）5包，共计4 959克。

二、裁判结果

本案经湖南省张家界市中级人民法院一审，湖南省高级人民法院二审。最高人民法院进行死刑复核。

法院认为，被告人李某红违反国家毒品管理规定，贩卖、运输甲基苯丙胺，其行为已构成贩卖、运输毒品罪。李某红贩卖、运输毒品

数量大，社会危害严重。李某红在共同犯罪中系地位、作用最为突出的主犯，且在暂予监外执行期间又犯新罪，主观恶性深，人身危险性大，应当撤销暂予监外执行的决定，依法予以并罚。据此，依法对被告人李某红判处（核准）死刑，剥夺政治权利终身，并处没收个人全部财产。

罪犯李某红已于2023年10月26日被依法执行死刑。

三、典型意义

近年来，严重疾病患者等特定人员参与毒品犯罪的情况时有发生。对于此类犯罪，人民法院坚持区别对待的方针。对于利用自身特殊状况积极实施毒品犯罪，或者在取保候审、监视居住以及暂予监外执行期间实施毒品犯罪的人员，依法从严惩处。本案被告人李某红曾因犯罪三次被判刑，其不仅无悔罪表现，反而在因病被暂予监外执行期间又纠集他人跨省贩卖、运输毒品，罪行极其严重，且难堪改造。人民法院根据李某红犯罪的事实、性质、情节和对于社会的危害程度，依法对其适用死刑，体现了对主观恶性深、人身危险性大的毒品犯罪分子严厉惩处的决心。

案例三

黄某彬贩卖毒品案

——利用、教唆未成年人贩卖毒品，被依法严惩

一、基本案情

被告人黄某彬，男，1980年5月12日出生，无业。2002年因犯非法拘禁罪被判处拘役四个月十五天；2015年6月4日因犯非法持有毒品罪被判处有期徒刑一年三个月，并处罚金人民币三千元，2016年6月7日刑满释放。

2021年10月底起，被告人黄某彬劝说苏某万及未成年人黄某

超、李某佳（均已另案判刑）帮其贩卖海洛因。黄某彬将海洛因统一存放在其租住处，有时由黄某彬联系好吸毒人员，再安排黄某超、李某佳、苏某万其中一人进行毒品交易；有时在黄某彬的授意下，由吸毒人员直接联系黄某超、李某佳、苏某万进行毒品交易，2021年12月至2022年1月间，共贩卖海洛因10次共计4.09克。每次完成交易后，黄某超等三人根据黄某彬要求，将毒资放在黄某彬租住处或直接通过支付软件转账给黄某彬，黄某彬则给予黄某超等三人好处费。2022年1月9日，公安机关在黄某彬租住处查获海洛因3小包共计6.5克。

二、裁判结果

本案经广西壮族自治区钦州市钦南区人民法院一审，钦州市中级人民法院二审。现已发生法律效力。

法院认为，被告人黄某彬违反国家毒品管理规定，明知是毒品仍伙同他人贩卖，其行为已构成贩卖毒品罪。黄某彬利用未成年人贩卖毒品，社会影响恶劣，且系毒品再犯，应依法从重处罚。据此，依法对被告人黄某彬以贩卖毒品罪判处有期徒刑十二年六个月，并处罚金人民币四万元。

三、典型意义

未成年人心智不够成熟，社会阅历尚浅，法律意识不强，分辨是非能力较弱，容易被不法分子利用、教唆、控制参与毒品犯罪，沦为毒品犯罪的“工具人”，其身心健康亦受到严重侵害。本案是一起利用、教唆未成年人贩卖毒品的典型案例。被告人黄某彬指使未成年人黄某超、李某佳等交接毒品、收取毒资，将两名未成年人引入歧途。黄某彬系毒品再犯，主观恶性深，人身危险性大，应依法从重处罚。人民法院根据黄某彬犯罪的事实、性质、情节和对于社会的危害程度，依法对其从重惩处，突出了毒品犯罪的打击重点，亦体现了对未成年人的特殊保护。

案例四

陈某明非法提供麻醉药品案

——医务人员向滥用成瘾人员非法提供麻醉药品，被依法惩处

一、基本案情

被告人陈某明，男，1976 年 7 月 8 日出生，医务人员。

被告人陈某明系江苏省东海县某医院急诊科医生，具有开具麻醉药品处方的资格。2020 年 8 月至 2021 年 11 月，何某某因肾结石疼痛在多家医院治疗，其间陈某明多次为何某某开具盐酸吗啡注射液。后何某某因多次注射盐酸吗啡注射液等镇痛药物而对吗啡成瘾，于 2021 年 11 月 1 日至 12 月 11 日到外地某医院戒毒。2022 年 3 月 26 日，陈某明在明知何某某注射吗啡已成瘾，且冒用他人身份就诊的情况下，仍违反国家规定，继续给何某某开具盐酸吗啡注射液。截至 2023 年 2 月 11 日，陈某明通过给何某某开具处方，非法提供盐酸吗啡注射液共计 200 余支（每支 10mg/ml）。

二、裁判结果

本案经江苏省东海县人民法院审理。现已发生法律效力。

法院认为，被告人陈某明作为依法从事使用国家管制的麻醉药品的医务人员，违反国家规定，明知何某某注射吗啡已成瘾，仍向何某某多次提供国家管制的能够使人形成瘾癖的麻醉药品，其行为已构成非法提供麻醉药品罪。陈某明自愿认罪认罚，可依法从宽处理。据此，依法对被告人陈某明判处有期徒刑十个月，并处罚金人民币一万元。

本案审结后，人民法院向被告人陈某明工作单位发送司法建议，针对麻精药品管理制度的执行、临床使用规范、患者身份核实等方面提出具体建议。接收单位高度重视，采取措施，组织开展自查自纠，

着力从源头上遏制非法提供、滥用麻精药品等违法犯罪行为，防止麻精药品流入非法渠道。

三、典型意义

吗啡是我国实行特殊管理的药品，在医疗活动中可以用于缓解疼痛，但长期使用极易成瘾并产生心理和生理依赖，一旦流入非法市场，将严重危害人民群众的身体健康。本案是一起医务人员非法提供麻醉药品的典型案例。被告人陈某明作为具有开具麻醉药品处方资格的执业医师，在明知何某某注射吗啡已成瘾且冒用他人身份就诊的情况下，仍给何某某大量开具处方，非法提供盐酸吗啡注射液，以满足何某某瘾癖，其行为不仅违反了职业道德，更突破了法律底线，具有一定社会危害性，应依法惩处。

在对涉麻精药品犯罪从严惩处的同时，也应加强源头治理。人民法院践行能动司法，坚持以案促治，针对办案中发现的麻精药品在使用中存在的薄弱环节和漏洞，及时向有关单位发送司法建议，促进堵漏建制，防范风险隐患，取得良好效果。

案例五

陈某走私、贩卖毒品案

——多次走私咖啡因入境并利用网络大肆贩卖，情节严重，被依法惩处

一、基本案情

被告人陈某，男，1981年11月7日出生，无业。

2021年9月至2022年2月，被告人陈某在明知咖啡因系国家管制的精神药品的情况下，从境外某网站购买咖啡因胶囊208瓶，通过国际物流公司伪报保健品名目清关发回国内，在某网络购物平台其经营的“大脑风暴”网店，将所购咖啡因胶囊加价贩卖给内蒙古、福建

等地的买家约180余瓶,从中获利人民币18 628.2元。2022年2月22日,公安机关将陈某抓获,并查扣咖啡因胶囊27瓶。

二、裁判结果

本案经福建省福州市鼓楼区人民法院一审,福州市中级人民法院二审。现已发生法律效力。

法院认为,被告人陈某违反毒品管理法规,明知咖啡因是国家管制的精神药品,为牟利多次从境外购买、寄递咖啡因胶囊,并利用网络媒介贩卖给多人,其行为已构成走私、贩卖毒品罪。陈某认罪态度较好,且案发后积极退缴全部违法所得,具有悔罪表现,可依法从轻处罚。据此,依法对被告人陈某判处有期徒刑三年,并处罚金人民币三千元。

三、典型意义

咖啡因是一种生物碱,是咖啡、茶、可乐等常见饮品中的主要成分,也是被普遍使用的精神药品,具有毒品、药品和食品三重属性。适量摄入咖啡因能起到缓解疲劳、兴奋神经的作用,其在临床上也用于治疗某些疾病,但其具有成瘾性,大剂量或长期服用会对人体造成损害,故我国将咖啡因列为第二类精神药品进行管制,如将其作为毒品滥用物质而加以走私、贩卖,则属于违法犯罪行为。本案是一起走私并通过网络贩卖咖啡因的典型案例。被告人陈某明知咖啡因系国家管制的精神药品,仍然从境外大量走私咖啡因胶囊,在网络上向不特定人员售卖,情节严重,应予惩处。本案提醒社会公众特别是青少年,要对咖啡因成瘾性提高警惕,正确区分咖啡因食品、药品、毒品的属性,防止滥用并对身体造成损害。

案例六

张某东贩卖毒品、容留他人吸毒案

——以未成年人为犯罪对象，被依法严惩

一、基本案情

被告人张某东，男，2004年6月25日出生，无业。2023年1月因吸食毒品被行政拘留十三日；同年7月4日因吸食毒品被行政拘留十三日，并处罚款人民币一千五百元，同月被责令社区戒毒三年。

2023年7月1日凌晨，被告人张某东在吉林省松原市某中学附近，以每板100元的价格卖给吸毒人员林某某（男，17岁，在校学生）复方曲马多2板共计24粒。同月4日凌晨和中午，张某东在松原市其家中和租房内，两次容留未成年人赵某某（女，15岁，在校学生）吸食曲马多。

二、裁判结果

本案经吉林省前郭尔罗斯蒙古族自治县人民法院审理。现已发生法律效力。

法院认为，被告人张某东明知复方曲马多片已被国家规定为管制的精神药品仍予以贩卖，其行为已构成贩卖毒品罪；张某东容留未成年人吸食毒品，其行为已构成容留他人吸毒罪。张某东向未成年人出售毒品，应依法从重处罚。对张某东所犯数罪应依法并罚。据此，依法对被告人张某东以贩卖毒品罪判处有期徒刑七个月，并处罚金人民币五千元，以容留他人吸毒罪判处拘役四个月，并处罚金人民币三千元，决定执行有期徒刑七个月，并处罚金人民币八千元。

三、典型意义

曲马多复方制剂的主要成分为盐酸曲马多，这是一种中枢性镇痛药，滥用可导致成瘾。根据2023年4月14日国家药监局、公安部、国家卫生健康委发布的《关于调整麻醉药品和精神药品目录的公告》,曲马多复方制剂被列入第二类精神药品目录,该公告自2023年7月1日起施行。该举措旨在有效控制曲马多复方制剂从医疗渠道非法流入市场,促进安全规范使用。未成年人身心尚未发育成熟,吸食麻精药品会对其身体器官造成严重损害,且更易形成心理依赖,严重影响其健康成长。本案是一起向未成年人贩卖并容留未成年人吸食曲马多复方制剂的典型案例。被告人张某东明知复方曲马多片已被国家规定为管制精神药品而仍向未成年人贩卖,还容留未成年人吸食,严重危害未成年人的身心健康。人民法院根据张某东犯罪的事实、性质、情节和对于社会的危害程度,对其依法定罪处刑,传递了对于向未成年人出售毒品、容留未成年人吸食毒品犯罪从严惩处的裁判导向,体现了对未成年人的特殊保护。

案例七

陈某豪走私毒品案

——留学期间沾染大麻成瘾,归国后走私大麻电子烟入境,被依法惩处

一、基本案情

被告人陈某豪,男,1993年5月30日出生,个体工商户。2021年9月因吸食大麻被罚款人民币五百元;2024年1月因吸食大麻被行政拘留十五日。

2014年至2015年,被告人陈某豪在国外留学期间沾染大麻电子烟,回国后仍购买大麻电子烟吸食满足瘾癖,曾因此受到公安机关行政处罚。2023年9月,陈某豪通过某社交软件与境外卖家商议,由对方将12支大麻电子烟藏匿在一个装有蛋白粉的罐子通过国际物流寄递走私入境,其通过支付软件向卖家支付毒资。同年12月12日,上述国际邮件到达江西省南昌市后,陈某豪为逃避海关监管,在向海

关补充申报时伪报邮件内物品为蛋白粉保健品。2024年1月3日，陈某豪签收该国际邮件后被公安人员抓获，经鉴定，查获的12支电子烟中检出四氢大麻酚成分。

二、裁判结果

本案经南昌铁路运输中级法院审理。现已发生法律效力。

法院认为，被告人陈某豪违反毒品管理法规和海关法规，逃避海关监管，非法邮寄毒品入境，其行为已构成走私毒品罪，依法应予惩处。陈某豪自愿认罪认罚，依法可以从宽处理。据此，依法对被告人陈某豪以走私毒品罪判处拘役四个月，并处罚金人民币二千元。

三、典型意义

近年来，少数海外留学、务工人员在境外留学工作期间受当地亚文化影响，对吸食大麻的危害性产生误识，为寻求刺激沾染大麻甚至成瘾，回国后毒瘾难戒，相互抱团形成“大麻圈”并实施相关毒品犯罪。随着国际大麻管制等级降低，部分国家和地区对大麻管制不断解禁甚至合法化，海外留学、务工人员接触大麻的风险日益增加，需要引起足够警惕。本案是一起境外留学期间沾染毒品成瘾，归国后走私大麻电子烟入境供自己吸食的典型案例。被告人陈某豪在境外吸食大麻成瘾，归国后继续吸食，因吸食大麻电子烟两次被公安机关行政处罚，仍为不断满足其吸食瘾癖而通过“互联网+物流寄递+电子支付”方式继续从境外邮购大麻电子烟。陈某豪采用伪报品名、混杂包装等方式逃避海关监管，使用支付软件流转毒资，犯罪手段隐蔽。人民法院对陈某豪依法定罪处刑，体现了我国厉行禁毒的坚定立场和对毒品零容忍的鲜明态度。

案例八

王某走私、贩卖毒品、强奸、强制猥亵案

——走私、贩卖国家管制精神药品并利用精神药品迷奸、猥亵他人,被依法严惩

一、基本案情

被告人王某,男,1989 年 1 月 18 日出生,某报社员工。

2019 年 9 月,被告人王某在内蒙古自治区乌兰察布市向陈某贩卖三唑仑、咪达唑仑等。2021 年 3 月至 4 月间,王某介绍徐某(已另案判刑)通过网络,向李某育(已另案判刑)采取从境外邮寄的方式以 1500 元的价格购买三唑仑,以 3000 元的价格购买咪达唑仑针剂 10 支,重 30.8 克。2021 年 9 月,王某在河南省新乡市以 520 元的价格向徐某贩卖三唑仑和咪达唑仑。

2018 年至 2019 年期间,被告人王某先后多次使用三唑仑、咪达唑仑、七氟烷等药物将被害人岳某迷晕后,对岳某进行猥亵。2019 年 1 月 17 日至 2021 年 12 月 4 日间,王某分别伙同马某山、王某威等人(同案被告人,均已判刑)及张某淼、刘某洋等人(均已另案判刑)在内蒙古自治区呼和浩特市、乌兰察布市、包头市、河南省新乡市、浙江省绍兴市、北京市等地的小区住房、民宿及酒店房间内,将三唑仑秘密溶入被害人于某某、刘某某、杨某某、宗某某、苏某某、岳某等人饮用的饮料中骗使被害人服下。待被害人失去意识后,王某与共同作案人先后与被害人发生性关系,部分共同作案人还对部分被害人进行猥亵。其间,王某通过向体内注射咪达唑仑、使用带有七氟烷的纸巾捂口鼻的方式致被害人持续处于昏迷状态。事后,王某还向部分共同作案人收取迷药费用。

二、裁判结果

本案经河南省鹤壁市中级人民法院一审,河南省高级人民法院

二审。现已发生法律效力。

法院认为，被告人王某明知三唑仑、咪达唑仑系国家管制的精神药品，仍多次单独贩卖或伙同他人走私、贩卖，其行为构成走私、贩卖毒品罪，且情节严重；王某伙同他人违背妇女意志，采取使用精神药品致被害人昏迷的方式，与被害人发生性关系，其行为构成强奸罪，且系轮奸，其中王某强奸妇女多人；王某违背妇女意志，采取使用精神药品致被害人昏迷的方式，单独或聚众猥亵被害人，其行为构成强制猥亵罪。对王某所犯数罪应依法并罚。人民法院根据被告人王某犯罪的事实、性质、情节和对于社会的危害程度，依法对王某以走私、贩卖毒品罪，判处有期徒刑四年，并处罚金人民币一万元；以强奸罪，判处无期徒刑，剥夺政治权利终身；以强制猥亵罪，判处有期徒刑七年，决定执行无期徒刑，剥夺政治权利终身，并处罚金人民币一万元。

三、典型意义

三唑仑是一种镇静安眠药物，属于国家管制一类精神药品，具有成瘾性，大剂量服用可使人失去意识，俗称"迷药"或"迷魂药"；咪达唑仑具有催眠、肌肉松弛等作用，原属于第二类精神药品，根据2024年4月30日国家药监局、公安部、国家卫生健康委发布的《关于调整精神药品目录的公告》，咪达唑仑调整为第一类精神药品。由于三唑仑和咪达唑仑的药理特性，一旦被滥用，导致的依赖和成瘾对人身体健康会产生严重危害，并且容易被犯罪分子利用实施其他恶性犯罪，严重危害社会治安。本案是一起走私、贩卖三唑仑、咪达唑仑并用于迷奸、猥亵女性的典型案例。被告人王某不仅走私、贩卖三唑仑、咪达唑仑，而且使用三唑仑、咪达唑仑作为犯罪工具，实施其他更为严重的性侵犯罪，严重侵害公民人身权利，破坏社会秩序，依法应数罪并罚。人民法院根据王某犯罪的事实、性质、情节和对于社会的危害程度，对其从严惩处，彰显了坚决打击此类犯罪的严正立场。同时，提醒广大公众在社交环境中要注重个人安全，谨慎交友，慎用他人提供的饮料和食物，提高对潜在危险的认知。

案例九

聂某文以危险方法危害公共安全案

——吸食含有依托咪酯等成分的电子烟意识模糊后驾车并导致发生交通事故，被依法严惩

一、基本案情

被告人聂某文，男，1995 年 7 月 17 日出生，务工人员。

2023 年 7 月 19 日 16 时许，被告人聂某文在家中吸食含有依托咪酯、曲马多成分的电子烟后，在其机动车驾驶证处于超分/注销状态的情况下仍驾驶小型汽车上路行驶，在湖南省醴陵市一交叉路口与另一车辆发生道路交通事故。交警到场处理后，聂某文驾车前往交通警察大队接受进一步处理，途中再次吸食该电子烟导致意识模糊，在无法认清道路的情况下，仍驾车继续行驶途经多段道路，期间发生多起交通事故，共造成一人轻伤、多台车辆及一处房屋受损。当日 18 时 50 分许，聂某文清醒后拨打 110 电话投案。经检测，聂某文的头发检材根部检出依托咪酯、曲马多成分。

二、裁判结果

本案经湖南省醴陵市人民法院审理。现已发生法律效力。

法院认为，被告人聂某文以驾车冲撞的方式危害公共安全，侵害不特定多数人的生命、健康及财产安全，其行为已构成以危险方法危害公共安全罪。案发后，聂某文主动投案，并如实供述自己的犯罪事实，系自首，依法可以从轻处罚。聂某文自愿认罪认罚，依法可以从宽处理。据此，依法对被告人聂某文判处有期徒刑四年六个月。

三、典型意义

依托咪酯电子烟伪装性、迷惑性大，与合成毒品相比，成瘾人群平均年龄更低，对大脑和神经系统的危害更大，吸食后会出现眩晕、视力模糊等症状，长期大量滥用会出现脾气暴躁等影响情绪、思维的

精神障碍。2023 年 9 月，我国将依托咪酯列为第二类精神药品进行管制。本案系依托咪酯列管前被滥用引发次生犯罪的典型案例。被告人聂某文吸食含有依托咪酯等成分的电子烟后，无证驾驶小型汽车发生交通事故，在驾车前往交警大队接受进一步处理的途中，再次吸食该电子烟，导致意识模糊，继而接连发生多起交通事故。人民法院依法对聂某文以以危险方法危害公共安全罪定罪处刑，体现了对药物滥用引发的次生犯罪予以严惩的鲜明态度。本案还反映了含有成瘾性物质的电子烟对个人和社会的严重危害，警示社会公众自觉抵制各类成瘾性物质，严防侥幸心理。

案例十

于某涛、贾某文非法经营案

——向未成年人非法销售“笑气”，被依法惩处

一、基本案情

被告人于某涛，男，2000 年 5 月 12 日出生，无业。

被告人贾某文，女，1994 年 2 月 15 日出生，无业。2021 年 7 月因吸食毒品被罚款人民币五百元。

2023 年 5 月至 8 月期间，被告人于某涛、贾某文以牟利为目的，在未取得危险化学品经营许可证的情况下，以平均每罐 150 元的价格向包括 8 名未成年人在内的购买者非法销售一氧化二氮（俗称“笑气”），销售金额共计 16 万余元（含押金），其中于某涛获利约 5.7 万元，贾某文获利约 3 万元。案发后，公安人员从于某涛、贾某文处查获含一氧化二氮的钢瓶 50 罐。

二、裁判结果

本案经黑龙江省牡丹江市西安区人民法院审理。现已发生法律效力。

法院认为，被告人于某涛、贾某文未经许可经营危险化学品一氧化二氮，扰乱市场秩序，情节严重，其行为均已构成非法经营罪。在共同犯罪中，二被告人均系主犯，应当按照各自所参与的全部犯罪处罚。于某涛、贾某文到案后如实供述自己的罪行，自愿认罪认罚；贾某文还主动退缴全部违法所得，依法可从轻处罚。据此，依法对被告人于某涛判处有期徒刑一年四个月，并处罚金人民币六万元；对被告人贾某文判处有期徒刑一年，并处罚金人民币三万五千元。

三、典型意义

一氧化二氮俗称“笑气”，是一种无色有甜味的气体，常用于医疗、食品加工等领域。2015 年，一氧化二氮被列入《危险化学品目录》。根据《危险化学品安全管理条例》，我国对危险化学品经营实行许可制度，未经许可任何单位和个人不得经营。“笑气”吸入人体后会令人头晕、窒息，严重时会危及生命。长期吸食“笑气”会让人在生理和心理上产生依赖，造成认知功能、记忆力甚至脑神经损害。可见，虽然“笑气”系非列管成瘾性物质，但其同样具有社会危害性。因“笑气”具有轻微麻醉作用，吸入时能让人产生一定的幻觉和愉悦，近年来，“笑气”被伪装成“吸气球”“奶油气弹”等，在青少年群体中加速渗透蔓延，逐渐成为不法分子新的牟利工具。部分未成年人在猎奇心理的驱使下，成为“笑气”滥用的主要受害者。本案是一起向未成年人非法销售“笑气”的典型案例。被告人于某涛、贾某文未取得危险化学品经营许可，将未成年人作为消费群体销售“笑气”，其行为既侵害未成年人身心健康，也扰乱市场经济秩序。人民法院对二被告人依法定罪处刑，体现了运用刑法手段惩治涉“笑气”等非列管物质犯罪行为的立场，亦有助于促推相关部门加大对“笑气”的监管力度，合力共治“笑气”滥用问题。同时，提醒青少年增强辨识能力和法治观念，避免因猎奇心理误入歧途。

依法严惩毒品犯罪和涉毒次生犯罪典型案例

（2023 年 6 月 26 日）

案例一

张胜川走私、运输毒品案

——犯罪集团首要分子组织、指挥数十人走私、运输毒品，罪行极其严重

基本案情

被告人张胜川，男，汉族，1989 年 6 月 1 日出生，无业。

2018 年 10 月至 2019 年 7 月，以被告人张胜川为首，田爰攀、易德金（均系同案被告人，已判刑）等为骨干，多人参与的毒品犯罪集团盘踞在境外。该犯罪集团通过网络招募数十名人员，采取统一安排食宿、拍摄自愿运毒视频等方式控制其人身自由，组织、指挥上述人员走私毒品入境后，采用乘车携带、物流寄递等方式，运往重庆市、辽宁省鞍山市、四川省遂宁市及云南省普洱市、昭通市等地，共计实施犯罪十余次。公安机关共计查获涉案甲基苯丙胺片剂（俗称“麻古”，下同）58694.14 克、甲基苯丙胺（冰毒，下同）7473.14 克、海洛因 7423.40 克。

裁判结果

本案由昆明铁路运输中级法院一审，云南省高级人民法院二审。最高人民法院对本案进行了死刑复核。

法院认为，被告人张胜川组织、指挥他人走私、运输毒品，其行为已构成走私、运输毒品罪。张胜川组织、领导多名骨干分子和一般成员走私、运输毒品，通过网络招募数十名人员，控制其人身自由，指挥、安排上述人员探路、邮寄或携带运输毒品，系毒品犯罪集团的首要分子，应按照集团所犯的全部罪行处罚。张胜川组织、指挥他人走私、运输毒品数量巨大，社会危害极大，罪行极其严重，应依法惩处。张胜川协助公安机关抓捕一名运毒人员，提供线索使得公安机关查获甲基苯丙胺片剂 2593 克，均已构成一般立功。虽然张胜川归案后如实供述所犯罪行，且有立功情节，但根据其犯罪的事实、性质、情节和对于社会的危害程度，不足以从轻处罚。据此，依法对被告人张胜川判处并核准死刑，剥夺政治权利终身，并处没收个人全部财产。

罪犯张胜川已于 2022 年 4 月 19 日被依法执行死刑。

典型意义

走私毒品属于源头性毒品犯罪，人民法院在审理此类案件时始终严格贯彻从严惩处的政策要求，并将走私毒品犯罪集团中的首要分子、骨干成员作为严惩重点，对于其中符合判处死刑条件的，坚决依法判处。本案是一起典型的犯罪集团将大量毒品走私入境的跨国毒品犯罪案件。该案参与人员众多，涉案毒品数量巨大，仅查获在案的甲基苯丙胺片剂就达数万克、甲基苯丙胺和海洛因均达数千克。以被告人张胜川为首要分子的毒品犯罪集团盘踞在境外，以高额回报为诱饵，通过网络招募人员，组织、指挥数十人将大量、多种毒品走私入境后运往全国多个省份。虽然张胜川具有坦白、一般立功情节，但根据其犯罪性质、具体情节、危害后果、毒品数量及主观恶性、人身危险性，结合立功的类型、价值大小等因素综合考量，其功不足以抵罪，故依法不予从宽。人民法院对张胜川判处死刑，体现了对走私毒品犯罪集团首要分子的严厉惩治，充分发挥了刑罚的威慑作用。同时，提醒社会公众特别是年轻人群体，不要为挣“快钱”“大钱”铤而走险，应通过正规招聘渠道求职，自觉增强防范意识。

案例二

严荣柱贩卖、制造毒品、董胜震贩卖、运输毒品案

——组织多人制造新型毒品甲卡西酮，向社会大肆贩卖，罪行极其严重

基本案情

被告人严荣柱，男，汉族，1960 年 1 月 7 日出生，无业。2002 年 4 月 2 日因犯合同诈骗罪被判处有期徒刑十二年，2009 年 7 月 1 日刑满释放。

被告人董胜震，男，汉族，1981 年 11 月 20 日出生，无业。

2016 年春节后，被告人严荣柱、董胜震密谋由严荣柱制造甲卡西酮，董胜震负责收购。严荣柱将制毒工艺流程交予潘付明（同案被告人，已判刑），指使潘付明制造甲卡西酮。潘付明与谭如兆、王息梅（均系同案被告人，已判刑）等人试验后成功制出甲卡西酮。同年 10 月初，潘付明与李金文（同案被告人，已判刑）商定在河南省新野县歪子镇李金文处制造甲卡西酮。同年 12 月底，李金文等人将制毒地点转移至该镇另一处所，直至 2017 年 3 月 9 日案发。制毒期间，严荣柱提供主要原料，李金文购买辅料并负责日常管理，谭如兆、王息梅指导工人制毒。严荣柱等人共制造甲卡西酮 5126.4 千克，其中 451.4 千克被公安机关在制毒现场查获。

2016 年 10 月 13 日至 2017 年 3 月 9 日，被告人严荣柱联系潘付明，将制造的甲卡西酮贩卖给被告人董胜震九次，共计 4675 千克。毒品交易期间，董胜震指使何华强（同案被告人，已判刑）向严荣柱支付

毒资,指使何华强、侯圣利(同案被告人,已判刑)等人驾驶车辆接运毒品,后由董胜震之弟董胜磊(同案被告人,已判刑)安排董胜波、葛会师(均系同案被告人,已判刑)将毒品转卖给他人。2017 年 3 月 9 日,最后一次交易的 1000 千克甲卡西酮被当场查获。

裁判结果

本案由河南省南阳市中级人民法院一审,河南省高级人民法院二审。最高人民法院对本案进行了死刑复核。

法院认为,被告人严荣柱明知甲卡西酮是毒品而制造并出售,其行为已构成贩卖、制造毒品罪。被告人董胜震明知甲卡西酮是毒品而贩卖、运输,其行为已构成贩卖、运输毒品罪。严荣柱提起犯意,组织他人制造毒品并提供主要原料,负责贩卖制出的毒品,董胜震指挥他人支付毒资、接运并销售毒品,二人在各自参与的共同犯罪中均起主要作用,均系罪责最为突出的主犯,应按照二人各自所参与和组织、指挥的全部犯罪处罚。严荣柱制造、贩卖、董胜震贩卖、运输毒品数量巨大,犯罪情节严重,社会危害大,罪行极其严重,应依法惩处。据此,依法对被告人严荣柱、董胜震均判处并核准死刑,剥夺政治权利终身,并处没收个人全部财产。

罪犯严荣柱、董胜震已于 2022 年 8 月 19 日被依法执行死刑。

典型意义

甲卡西酮于 2005 年在我国被列为第一类精神药品进行管制,但在国内不存在合法生产、经营,也没有任何合法用途。甲卡西酮作为新型毒品,对人体健康可产生较为严重的伤害,能导致急性健康问题和毒品依赖,过量使用易造成不可逆的永久脑部损伤甚至死亡。本案是一起大量制造、贩卖甲卡西酮的典型案例。被告人严荣柱组织多人大量制造甲卡西酮,不仅提供制毒工艺和主要原料,还负责贩卖;被告人董胜震出资购毒,指挥多人接运和交易毒品,并组织向外贩卖。二人在毒品制售链条中处于核心地位、发挥关键作用,致使 3600 余千克毒品流入社会,另查获甲卡西酮 1400 余千克,具有严重的社会危害。制造毒品和大宗贩卖毒品属于源头性毒品犯罪,历来是我国禁毒斗争的打击重点。人民法院依法对严荣柱、董胜震判处死刑，体现了对性质严重、情节恶劣、社会危害大的新型毒品犯罪惩处力度的不断加大。

案例三

阮新华贩卖、运输毒品案

——利用、教唆未成年人贩卖毒品，
且系累犯，罪行极其严重

基本案情

被告人阮新华，男，汉族，1984年2月6日出生，农民。2007年8月7日因犯抢劫罪被判处有期徒刑十三年，剥夺政治权利三年，并处罚金人民币一万元，2016年2月4日刑满释放。

2019年2月，吴江（同案被告人，已判刑）经他人介绍，得知被告人阮新华有低价甲基苯丙胺出售及阮的联系方式，遂将上述信息告诉唐四凡（同案被告人，已判刑）。后阮新华与吴江、唐四凡约定交易甲基苯丙胺1000克，唐四凡向阮新华微信转账5000元。同月18日，阮新华将藏有约1000克甲基苯丙胺的包裹从云南省瑞丽市邮寄至湖南省平江县虹桥镇一超市，并通知吴江领取。同月21日，吴江伙同他人前往签收包裹并送至唐四凡处，后吴、唐二人向阮新华支付部分购毒款。

2019年3月下旬，被告人阮新华与吴江、唐四凡再次约定交易甲基苯丙胺，唐四凡等人向阮新华支付定金2万元。同年4月22日，阮新华将藏有甲基苯丙胺的包裹从瑞丽市邮寄至江西省修水县一小区侧门商铺。同月24日、25日，阮新华多次通过微信、电话联系阮某（时年17岁，另案处理）代收上述毒品，并让阮某准备透明塑料袋、电子秤分装毒品。后因阮某未买到上述物品，阮新华安排吴江前去取货。同月26日上午,唐四凡伙同他人来到修水县城,在该县一宾馆房间与吴江及其同伙会合。阮新华指使阮某到该宾馆,对当日进出人员进行拍照、录像以确认毒品买家情况。当日11时许,吴江与唐四凡到快递点签收包裹时被抓获,公安人员当场从包裹内查获甲基苯丙胺1992.19克。同年8月18日,阮新华被抓获。

裁判结果

本案由江西省九江市中级人民法院一审,江西省高级人民法院二审。最高人民法院对本案进行了死刑复核。

法院认为,被告人阮新华明知甲基苯丙胺是毒品而贩卖、运输,其行为已构成贩卖、运输毒品罪。阮新华采用物流寄递方式跨省贩运甲基苯丙胺,并指使他人进行监视,在共同犯罪中起主要作用,系主犯,应按照其所参与的全部犯罪处罚。阮新华贩卖、运输甲基苯丙胺近3000克,社会危害大,罪行极其严重。阮新华利用、教唆未成年人贩卖毒品,且曾因犯抢劫罪被判处有期徒刑,刑罚执行完毕后五年内又实施本案犯罪,系累犯,应依法从重处罚。据此,依法对被告人阮新华判处并核准死刑,剥夺政治权利终身,并处没收个人全部财产。

罪犯阮新华已于2022年10月28日被依法执行死刑。

典型意义

未成年人心智不够成熟,分辨是非能力较弱,好奇心强,容易受到不良周边环境的影响,被不法分子利用、教唆参与毒品犯罪,或者成为被引诱、教唆、欺骗吸食毒品以及出售毒品的对象。本案是一起利用、教唆未成年人参与贩卖毒品的典型案例。被告人阮新华指使未成年人阮某代收毒品、准备工具分装毒品未果,后又指使阮某到宾馆拍照、录像确认毒品买家情况,将阮某引上歧途。阮新华曾因严重暴力犯罪被判处重刑,刑满释放之后五年内又实施严重毒品犯罪,系累犯,主观恶性深,人身危险性大。人民法院对阮新华依法从重处罚并适用死刑,突出了对毒品犯罪的打击重点,亦较好地体现了对未成年人的特殊保护。

案例四

蔡泽雄、林小波贩卖、运输毒品案

——积极响应敦促投案自首通告，主动自境外回国自首，依法从轻处罚

基本案情

被告人蔡泽雄，男，汉族，1984 年 4 月 30 日出生，务工人员。

被告人林小波，男，汉族，1985 年 4 月 24 日出生，务工人员。

2017 年 5 月，游志文（已另案判刑）联系被告人林小波购买毒品，林小波联系被告人蔡泽雄，约定由蔡泽雄向游志文提供甲基苯丙胺 20 千克。后游志文伙同李雨时、徐源昌（均已另案判刑）来到广东省陆丰市，与林小波、蔡泽雄商谈毒品交易事宜。同月 27 日上午，蔡泽雄驾驶装有毒品的车辆与林小波到游志文所住酒店房间，蔡泽雄将补齐重量的 149.3 克甲基苯丙胺交给游志文、李雨时。后林小波驾驶上述车辆与李雨时、徐源昌在高速公路服务区交接毒品。游志文确认毒品交接完成后，将 60 万元毒资交付给蔡泽雄。当日 20 时，游志文、李雨时、徐源昌在福建省泉州市一酒店房间被抓获，公安人员从游志文所租车辆后备箱及后备箱左侧夹层内查获甲基苯丙胺共计 20.02 千克。蔡泽雄、林小波案发后潜逃境外，后于2020 年 12 月 1 日主动到云南省孟连县孟连口岸向陆丰市公安局投案，到案后如实供述犯罪事实。

裁判结果

本案由广东省汕尾市中级人民法院一审，广东省高级人民法院二审。

法院认为，被告人蔡泽雄、林小波结伙贩卖、运输甲基苯丙胺，其行为均已构成贩卖、运输毒品罪。蔡泽雄、林小波贩卖、运输毒品数量巨大，罪行严重。在共同犯罪中，蔡泽雄是毒品卖主，决定毒品交

易的价格、方式，收取毒资；林小波在毒品交易、运输过程中行为积极，二人均起主要作用，均系主犯，应按照其所参与的全部犯罪处罚，林小波的作用相对小于蔡泽雄。二人从境外自动回国投案，如实供述主要罪行，系自首，可依法从轻处罚，对蔡泽雄判处死刑可不立即执行，对林小波的量刑应与蔡泽雄有所区别。据此，依法对被告人蔡泽雄判处死刑，缓期二年执行，剥夺政治权利终身，并处没收个人全部财产；对被告人林小波判处无期徒刑，剥夺政治权利终身，并处没收个人全部财产。

广东省高级人民法院于 2022 年 11 月 14 日作出二审刑事判决，现已发生法律效力。

典型意义

宽严相济是我国的基本刑事政策。人民法院在坚持整体从严惩处毒品犯罪、突出打击重点的同时，也注重全面、准确贯彻宽严相济刑事政策，做到以严为主、宽以济严、罚当其罪。对于罪行较轻，或者具有从犯、自首、立功、初犯等法定、酌定从宽处罚情节的毒品犯罪分子，体现区别对待，依法给予从宽处罚，以达到分化瓦解毒品犯罪分子、预防和减少毒品犯罪的效果。本案是一起犯罪分子自境外回国投案构成自首的重大毒品案件。二被告人系当地公检法三机关联合向社会发布的《关于敦促涉毒在逃人员投案自首的通告》中所列在逃犯罪嫌疑人，在境外看到该追逃通告后通过亲属与当地公安机关联系，主动要求投案，并在投案过程中克服地域、语言、交通等困难，投案意愿坚定，反映其良好的认罪悔罪态度，也节约了司法资源。人民法院充分考虑二被告人积极响应司法机关发布的敦促投案自首通告，主动自境外回国投案，并如实供述主要犯罪事实的情节，对二人予以从宽处罚，对其他在逃人员具有示范感召意义，实现了政治效果、社会效果、法律效果的有机统一。

案例五

吴纪刿等非法生产制毒物品案

——组织多人非法生产制毒物品麻黄碱，
情节特别严重

基本案情

被告人吴纪刿，男，汉族，1982 年 3 月 2 日出生，务工人员。

被告人吴小雄，男，汉族，1970 年 12 月 28 日出生，无业。

被告人黄曜昌，男，汉族，1978 年 11 月 4 日出生，务工人员。

被告人吴辰凯，男，汉族，1995 年 12 月 11 日出生，无业。

被告人林有泉，男，汉族，1994 年 2 月 28 日出生，无业。

被告人黄兆祥，男，汉族，1973 年 8 月 6 日出生，务工人员。2010 年 4 月 1 日因犯故意伤害罪被判处有期徒刑一年，缓刑一年。

2022 年 4 月底 5 月初，被告人吴纪刿、吴小雄兄弟二人共谋生产麻黄碱并出售牟利。吴小雄联系被告人黄曜昌，准备在福建省连城县黄曜昌的养猪场生产麻黄碱，黄曜昌同意，并以 2 万元出资和场地租金 1 万元入股。吴纪刿联系他人购买约 500 千克含有麻黄碱成分的药片，并购买辅料及防腐手套等，委托他人运至连城县交接给吴小雄、黄曜昌，再由黄曜昌运至养猪场。吴纪刿、吴小雄联系被告人吴辰凯生产麻黄碱，吴辰凯邀约被告人林有泉参与。同年 5 月 12 日，吴小雄驾车将吴辰凯、林有泉送至连城县，再由黄曜昌驾车将二人载至养猪场。吴辰凯、林有泉用粉碎机将含有麻黄碱成分的药片碾碎，加入辅料，采用化学方法加工、提炼麻黄碱。其间，黄曜昌帮忙碾碎药片等，吴小雄安排被告人黄兆祥帮其和黄曜昌运送含有麻黄碱成分的药片，黄兆祥还负责送饭及购买容器等。同月 18 日，公安人员现场查获含麻黄碱 75844.37 克的粉末等物质及生产麻黄碱的工具。

裁判结果

本案由福建省连城县人民法院一审，福建省龙岩市中级人民法院二审。

法院认为，被告人吴纪刿、吴小雄、黄曜昌、吴辰凯、林有泉、黄兆祥违反国家规定，非法生产用于制造毒品的原料麻黄碱，情节特别严重，其行为均已构成非法生产制毒物品罪。在共同犯罪中，吴纪刿、吴小雄共谋生产麻黄碱并联系生产人员，吴纪刿购买、运送主料和辅料，吴小雄联系生产场地，运送生产人员，指使他人运送主料；黄曜昌出资入股，提供生产场地，参与运送主料、辅料及生产人员，在生产麻黄碱过程中提供帮助，三人均起主要作用，均系主犯，应按照其所参与的全部犯罪处罚，黄曜昌的地位、作用相对较小。吴辰凯、林有泉、黄兆祥在共同犯罪中起次要作用，系从犯，应依法减轻处罚。六被告人均如实供述自己的罪行，可依法从轻处罚。吴辰凯、林有泉、黄兆祥认罪认罚，可依法从宽处理。吴纪刿有吸毒劣迹，黄兆祥有故意犯罪前科，酌情从重处罚。据此，依法对被告人吴纪刿、吴小雄、黄曜昌、吴辰凯、林有泉、黄兆祥分别判处有期徒刑八年、七年八个月、七年、三年十个月、三年七个月、三年二个月，并处数额不等罚金。

龙岩市中级人民法院于2023年2月17日作出二审刑事裁定，现已发生法律效力。

典型意义

制毒物品犯罪属于制造毒品的上游犯罪。为从源头上遏制毒品犯罪，我国不断加大对制毒物品犯罪的打击力度，不但在立法层面加大惩治力度，且始终坚持“打防并举、综合施治”方针，持续严格管控制毒物品。麻黄碱被列为第一类易制毒化学品，是制造甲基苯丙胺的主要原料。在利益驱使下，犯罪分子不惜铤而走险，购买可用于合成麻黄碱的化学品或者含麻黄碱成分的药品，非法生产麻黄碱贩卖以牟取暴利，导致制造毒品等犯罪的蔓延。本案系一起犯罪团伙组织生产麻黄碱的典型案例。涉案麻黄碱数量达75千克以上，根据相关司法解释已达情节特别严重标准。人民法院根据各被告人犯罪的事实、性质、情节和对于社会的危害程度及认罪悔罪表现，对三名主犯判处七年以上有期徒刑，对三名从犯依法从宽处罚，既体现了人民法院从严惩处制毒物品犯罪的鲜明立场，也全面贯彻了宽严相济刑事政策。

案例六

韩敏华走私、贩卖、运输毒品、强奸、传授犯罪方法、张淼淼走私毒品、强奸案

——采用非接触式手段走私、贩运精神药品，情节严重；利用精神药品迷奸他人，依法数罪并罚

基本案情

被告人韩敏华，男，汉族，1992年3月30日出生，KTV服务人员。2012年1月12日因犯盗窃罪被判处有期徒刑四年六个月，并处罚金人民币一万元，2015年4月28日刑满释放。

被告人张淼淼，男，汉族，2000年6月2日出生，餐饮服务人员。

2021年7月至10月，被告人韩敏华明知三唑仑、溴替唑仑、咪达唑仑等为国家管制的精神药品，且他人系出于犯罪目的而购买，仍通过互联网联系境外卖家购买，通过支付宝转账或网络虚拟货币等方式支付钱款，采用改换包装等手段从境外寄递入境贩卖给全国多地买家，其中部分系韩敏华收取后又联系他人在境内邮寄贩卖。韩敏华走私、贩卖、运输精神药品20余次，共计三唑仑150片、溴替唑仑120片、咪达唑仑针剂92支。韩敏华还以微信聊天、发送视频等方式，向买家传授使用上述精神药品致人昏迷的具体操作方法，以及迷奸过程中的注意事项等内容。

被告人张淼淼明知上述精神药品系从境外发货，仍向被告人韩敏华购买，并提供境内收货地址，共计走私溴替唑仑20片、咪达唑仑针剂15支。张淼淼购买三唑仑等后，欲对被害人梁某实施迷奸，于

2021年10月9日欺骗梁某喝下溶解有三唑仑的奶茶，但梁某未完全昏迷。韩敏华明知张淼淼正在实施强奸行为，仍实时指导张淼淼如何使用相关精神药品，张淼淼根据韩敏华的指导再次欺骗梁某服用三唑仑、注射咪达唑仑等，致梁某失去意识，进而对梁某实施奸淫。次日，张淼淼与他人经预谋，欺骗被害人于某某服下三唑仑，又对失去意识的于某某注射咪达唑仑，后张淼淼等二人轮流对于某某实施奸淫。

裁判结果

本案由江苏省苏州市中级人民法院审理。

法院认为，被告人韩敏华明知是毒品而从境外购买并走私入境后贩卖、运输给他人，其行为已构成走私、贩卖、运输毒品罪；通过网络向他人传授犯罪方法，其行为已构成传授犯罪方法罪；明知他人正在实施强奸犯罪，仍实时传授迷奸手段提供帮助，其行为已构成强奸罪。被告人张淼淼明知是毒品而走私，其行为已构成走私毒品罪；采用药物迷晕方式，违背妇女意志实施奸淫，其行为已构成强奸罪，且具有轮奸情节。对韩敏华、张淼淼所犯数罪，均应依法并罚。韩敏华多次走私毒品入境并向多人贩卖，情节严重。韩敏华有故意犯罪前科，酌情从重处罚。在强奸共同犯罪中，张淼淼起主要作用，系主犯，应按照其所参与的全部犯罪处罚；韩敏华起辅助作用，系从犯，应依法减轻处罚。韩敏华、张淼淼到案后均能如实供述所犯罪行，可依法从轻处罚；自愿认罪认罚，可依法从宽处理。据此，依法对被告人韩敏华以走私、贩卖、运输毒品罪判处有期徒刑五年七个月，并处罚金人民币四万元，以强奸罪判处有期徒刑一年七个月，以传授犯罪方法罪判处有期徒刑二年五个月，决定执行有期徒刑七年，并处罚金人民币四万元；对被告人张淼淼以走私毒品罪判处有期徒刑十一个月，并处罚金人民币五千元，以强奸罪判处有期徒刑十一年九个月，剥夺政治权利三年，决定执行有期徒刑十二年，剥夺政治权利三年，并处罚金人民币五千元。

苏州市中级人民法院于2023年4月12日作出刑事判决。宣判后，在法定期限内没有上诉、抗诉。现已发生法律效力。

典型意义

三唑仑、溴替唑仑、咪达唑仑均系国家管制的精神药品，具有镇静催眠等作用，长期服用易产生身体和心理依赖，在被作为成瘾替代物滥用或者被用于实施抢劫、强奸等犯罪时，均应认定为毒品。近年来，一些犯罪分子利用三唑仑等物质的催眠作用，诱骗女性服用，趁女性昏迷之际实施奸淫。因国内严管，犯罪分子难以购得，遂通过互联网联络境外卖家购买，经电子支付手段或者利用虚拟货币付款，伪装后利用国际快递走私入境并在境内贩卖扩散，有的引发严重次生犯罪。本案是一起利用走私入境的精神药品迷奸他人的典型案例。被告人韩敏华以“迷奸药”作为售卖宣传点，采用“互联网＋物流寄递＋电子支付”手段实施走私、贩卖、运输毒品犯罪20余次，贩卖对象涉及全国多个省份，向买家传授具体使用方法，甚至实时指导他人用药实施迷奸，犯罪情节恶劣，社会危害大。被告人张淼淼购买走私入境的毒品，并用于实施迷奸，其强奸二人且有轮奸情节，犯罪性质恶劣，情节严重。本案表明，毒品不仅给吸食者本人带来严重危害，还可能危及他人人身安全，影响社会和谐稳定。人民法院对本案被告人依法严惩，彰显了坚决打击此类涉麻精药品犯罪和涉毒次生犯罪的严正立场。同时，提醒社会公众增强自我保护意识，对于不熟识的人给予的食品、饮品等应提高警惕。

案例七

马扎根等贩卖毒品案

——伪造资质骗购大量麻醉药品出售给贩毒人员，依法惩处

基本案情

被告人马扎根，男，汉族，1977年7月17日出生，农民。

被告人段红霞,女,汉族,1984 年 8 月 8 日出生,农民。

被告人石艳艳,女,汉族,1985 年 4 月 6 日出生,农民。

被告人方文娟,女,汉族,1988 年 5 月 14 日出生,农民。

被告人沈富成,男,汉族,1985 年 4 月 27 日出生,农民。

2017 年 2 月,被告人马扎根经与贩毒人员共谋,通过伪造癌症病人住院病案首页、身份证件等资料,在多家医院办理多张麻醉卡。马扎根持麻醉卡以每片 0.4 元的价格从医院骗购哌替啶片(度冷丁),再以每片 13 元的价格出售给贩毒人员,并以给予一定报酬为诱惑,将麻醉卡提供给被告人段红霞,让段红霞为其到医院骗购哌替啶片及发展下线。2017 年 2 月至 2018 年 9 月间,马扎根及其直接或间接发展的下线被告人段红霞、石艳艳、方文娟、沈富成,多次采用同样手段从医院骗购哌替啶片,均被马扎根加价出售给贩毒人员。各被告人贩卖哌替啶的数量分别为:马扎根 744 克、段红霞 328.4 克、石艳艳 124.6 克、方文娟 36.7 克、沈富成 26 克。

裁判结果

本案由甘肃省合水县人民法院一审,甘肃省庆阳市中级人民法院二审。

法院认为,被告人马扎根、段红霞、石艳艳、方文娟、沈富成明知哌替啶是国家规定管制的能够使人形成瘾癖的麻醉药品,而骗购获取后出售给贩毒人员,其行为均已构成贩卖毒品罪。马扎根、段红霞贩卖毒品数量大,石艳艳贩卖毒品数量较大;方文娟、沈富成多次贩卖毒品,情节严重。在共同犯罪中,马扎根与贩毒人员共谋,伪造资料办理麻醉卡从医院骗购哌替啶片,积极发展、指使下线使用其提供的麻醉卡从医院骗购哌替啶片,并出售给贩毒人员牟利,起主要作用,系主犯,应按照其所参与和组织、指挥的全部犯罪处罚;段红霞、石艳艳、方文娟、沈富成直接或间接受马扎根指使从医院骗购哌替啶片,起次要作用,系从犯,应依法从轻或减轻处罚。段红霞、方文娟有自首情节,可依法从轻处罚。段红霞、方文娟、沈富成认罪认罚,可依法从宽处理。方文娟、沈富成积极退赃,酌情从轻处罚。据此,依法对被告人马扎根判处有期徒刑十五年,并处没收财产人民币二万元;对被告人段红霞、石艳艳、方文娟、沈富成分别判处有期徒刑十年、七年、二年、一年九个月,并处数额不等罚金。

庆阳市中级人民法院于2022年10月17日作出二审刑事裁定,现已发生法律效力。

典型意义

近年来,一些犯罪分子通过伪造患者病历资料从医院套取国家管制的麻精药品并贩卖牟利的情况时有发生。本案系一起持伪造资料办理麻醉卡从医院骗购哌替啶出售给贩毒人员牟利的典型案例。被告人马扎根经与贩毒人员共谋,伪造多份癌症患者资料,在多家医院办理麻醉卡骗购麻醉药品,发展多名下线采用同样手段实施犯罪,并将骗购的麻醉药品加价数倍出售给贩毒人员牟利,不但导致大量医疗用麻醉药品流入涉毒渠道,还严重扰乱了药品经营管理秩序。人民法院一体打击骗购麻精药品并向贩毒人员出售的犯罪团伙,认定马扎根为团伙主犯并依法判处十五年有期徒刑,体现了严惩此类犯罪及其中起组织、指挥作用的主犯的坚定态度;同时,对本案中具有从犯、自首、认罪认罚、积极退赃等法定、酌定从宽处罚情节的其他被告人依法从轻或减轻处罚,体现了区别对待、宽以济严。

案例八

夏继欢贩卖毒品案

——医务人员多次向吸贩毒人员贩卖精神药品牟利,情节严重

基本案情

被告人夏继欢,男,汉族,1988年3月30日出生,医务人员。

被告人夏继欢系重庆市某营利性戒毒医院医生,具有开具国家

管制的第一类精神药品盐酸丁丙诺啡舌下片处方资格。2020 年 7 月至 2021 年 5 月，夏继欢冒用他人名义开具虚假处方，以每盒 170 元的价格从医院骗购盐酸丁丙诺啡舌下片，明知购买者系吸贩毒人员，仍多次以每盒 350 元至 450 元不等的价格向多人贩卖，且均未开具相应处方，共计出售 422 盒（10 片/盒）。

裁判结果

本案由重庆市万州区人民法院一审，重庆市第二中级人民法院二审。

法院认为，被告人夏继欢身为依法从事管理、使用国家管制的精神药品的人员，向贩卖毒品的犯罪分子或者以牟利为目的向吸食、注射毒品的人提供国家规定管制的能够使人形成瘾癖的精神药品，其行为已构成贩卖毒品罪。夏继欢为谋取非法利益，多次向多名吸贩毒人员贩卖盐酸丁丙诺啡舌下片，情节严重。据此，依法对被告人夏继欢判处有期徒刑六年，并处罚金人民币十二万元。

重庆市第二中级人民法院于 2022 年 12 月 26 日作出二审刑事裁定，现已发生法律效力。

典型意义

近年来，随着我国对毒品犯罪的打击力度持续加强，部分常见毒品逐渐较难获得，一些吸毒人员转而通过非法手段获取医疗用麻精药品作为替代物滥用，以满足吸毒瘾癖，具有医疗用途的麻精药品流入非法渠道的情况时有发生。本案系一起戒毒医院医生向吸贩毒人员贩卖国家管制的精神药品牟利的典型案例。盐酸丁丙诺啡舌下片属于国家管制的第一类精神药品，具有医疗用途，但被滥用极易形成瘾癖，兼具药品与毒品双重属性。被告人夏继欢身为戒毒医院执业医师，利用职业便利，冒用患者名义虚开处方套取盐酸丁丙诺啡舌下片，多次加价贩卖给多名吸贩毒人员牟利，犯罪情节严重。“医乃仁术，无德不立”。夏继欢的行为违背职业操守，扰乱正常医疗秩序，导致医疗用精神药品流入涉毒渠道，社会危害大。人民法院依法对夏继欢以贩卖毒品罪定罪处刑，并处以高额罚金，彰显了严惩此类犯罪的严正立场。对于推动强化麻精药品源头管控,促进加强相关机构和人员管理,严防医疗用麻精药品流入涉毒渠道具有积极意义。

案例九

纪家林贩卖毒品案

——违规购买精神药品出售给吸毒人员,依法严惩

基本案情

被告人纪家林,男,汉族,1988年3月20日出生,跑腿代购员。

2020年至2021年,被告人纪家林在辽宁省辽阳市某医院使用多人多张就诊卡购买阿普唑仑片。2021年11月17日11时许,纪家林在该医院以11元的价格购买1盒阿普唑仑片后,明知陈某某系吸毒人员,仍以100元的价格出售给陈,被公安人员当场抓获,阿普唑仑片1盒(40片/盒)被查获。公安人员另从纪家林身上查扣阿普唑仑片1盒和就诊卡12张。

裁判结果

本案由辽宁省辽阳市白塔区人民法院审理。

法院认为,被告人纪家林明知阿普唑仑是国家规定管制的能够使人形成瘾癖的精神药品仍贩卖给吸毒人员,其行为已构成贩卖毒品罪。纪家林到案后如实供述自己的罪行,可依法从轻处罚;自愿认罪认罚,可依法从宽处理。据此,依法对被告人纪家林判处有期徒刑六个月,并处罚金人民币五千元。

辽阳市白塔区人民法院于2023年2月17日作出刑事判决。宣判后,在法定期限内没有上诉、抗诉。判决现已发生法律效力。

典型意义

阿普唑仑是国家管制的第二类精神药品,直接作用于神经系统,长期服用易成瘾,突然减药或停用易出现戒断反应,严重时可危及生

命。一些犯罪分子以牟利为目的,明知他人为滥用而购买,仍套购此类药品非法出售。本案是一起违规购买阿普唑仑后贩卖给吸毒人员的典型案例。被告人纪家林明知阿普唑仑是国家规定管制的精神药品,且他人购买系作为毒品滥用,仍加价近10倍向吸毒人员出售,应认定为贩卖毒品罪。在案证据显示,纪家林还曾使用多人多张就诊卡违规购买阿普唑仑片。纪家林的行为不仅违反了国家关于麻精药品的管理规定,还干扰、破坏了正常的医疗秩序,依法应予严惩。人民法院根据纪家林犯罪的事实、性质、情节和对于社会的危害程度,对其定罪处刑,体现了"涉毒必惩"的态度立场。同时,提醒广大公众切勿随意将自己的就诊凭证借予他人,防止被他人违法利用。

案例十

韦颖故意杀人案

——吸毒致幻杀害无辜群众,
致三人死伤,罪行极其严重

基本案情

被告人韦颖,男,汉族,1987年5月1日出生,无业。

2020年6月4日7时许,被告人韦颖与他人一起吸食毒品后产生幻觉,携带尖刀至湖南省衡阳市石鼓区湘江北路河畔。韦颖认为在此活动的被害人刘某(男,殁年19岁)对其生命有威胁,遂持刀捅刺刘某颈、胸部等处数刀,致刘某死亡;后持刀砍向正在附近跑步的被害人吴某某(男,时年49岁),吴某某避过;认为被害人许某(女,时年20岁)是"女杀手",又持刀捅刺许某背部多刀致其轻微伤。被害人肖某某(男,时年52岁)见状喝止,韦颖持刀捅刺肖某某背部致其受重伤。

裁判结果

本案由湖南省衡阳市中级人民法院原审，湖南省高级人民法院复核。最高人民法院对本案进行了死刑复核。

法院认为，被告人韦颖故意非法剥夺他人生命，其行为已构成故意杀人罪。韦颖违反国家法律规定吸食毒品，产生幻觉后在公共场所持刀连续捅刺无辜群众，致一人死亡、一人重伤、一人轻微伤，犯罪情节特别恶劣，社会危害大，后果和罪行极其严重，应依法惩处。据此，依法对被告人韦颖判处并核准死刑，剥夺政治权利终身。

罪犯韦颖已于2023年6月21日被依法执行死刑。

典型意义

毒品具有中枢神经兴奋、抑制或者致幻作用，会导致吸毒者狂躁、抑郁甚至出现被害妄想、幻视幻听症状，进而导致其自伤自残或实施暴力犯罪。近年来，因吸毒诱发的故意杀人、故意伤害等恶性案件屡有发生，严重危害社会治安和公共安全。本案是一起因吸毒致幻而故意杀人的典型案例。被告人韦颖吸毒后产生被害幻觉，在公共场所杀害无辜群众，致三人死伤，另有一名群众因躲避及时得以幸免，实属罪行极其严重。该案充分反映出毒品对个人和社会的严重危害，尤其值得吸毒者深刻警醒。人民法院在严惩韦颖罪行的同时，也警示社会公众自觉抵制毒品，切莫以身试毒。

最高人民法院发布2022年十大毒品（涉毒）犯罪典型案例

（2022年6月25日）

案例1

梁玉景、黎国都制造毒品案

——纠集多人制造毒品，数量特别巨大，罪行极其严重

一、基本案情

被告人梁玉景，男，壮族，1976年8月2日出生，无业。2010年1月8日因犯故意伤害罪被判处有期徒刑三年，缓刑五年。

被告人黎国都，男，壮族，1983年7月10日出生，农民。

2016年底，被告人梁玉景、黎国都商定共同制造甲基苯丙胺（冰毒）。后黎国都伙同郑力纯（同案被告人，已判刑）租赁制毒场地，并与郑力纯、陈元武（同案被告人，已判刑）共同完成制毒前期准备工作；梁玉景购买制毒原材料，安排黄炳鹏（同案被告人，已判刑）检修制毒工具反应釜。2017年4月底至5月初，梁玉景安排黎国都收集部分制毒出资，其中黎国都出资70万元，陈元武、梁玉升（二审期间因病死亡）夫妇出资90万元，零岸（同案被告人，已判刑）出资15万元。零骏良、凌晨（均系同案被告人，已判刑）等人在梁玉景、黎国都

指使下,前往广东省东莞市将毒资交给梁玉景,将制毒辅料运至广西壮族自治区南宁市,又从广东省梅州市将梁玉景组织购买的氯麻黄碱运至南宁市,由陈元武驾车运至制毒场地。同年5月28日,梁玉景先后安排农多想、黄炳贵(均系同案被告人,已判刑)前往位于南宁市经开区那洪街道古思村的制毒场地,与黎国都、陈元武、郑力纯共同制造甲基苯丙胺。同月31日,公安人员在制毒场地抓获黎国都等人,当场查获甲基苯丙胺419.2千克、含甲基苯丙胺成分的固液混合物143.92千克及氯麻黄碱148.42千克、反应釜等。

二、裁判结果

本案由广西壮族自治区南宁市中级人民法院一审,广西壮族自治区高级人民法院二审。最高人民法院对本案进行了死刑复核。

法院认为,被告人梁玉景、黎国都伙同他人制造甲基苯丙胺,其行为均已构成制造毒品罪。梁玉景、黎国都共谋制造毒品,梁玉景纠集多人参与,管理毒资,购买制毒原料,黎国都大额出资,租赁制毒场地,直接参与制造,二人在制造毒品共同犯罪中均起主要作用,系主犯,罪责突出。梁玉景、黎国都制造甲基苯丙胺,数量特别巨大,社会危害大,罪行极其严重。据此,依法对被告人梁玉景、黎国都均判处并核准死刑,剥夺政治权利终身,并处没收个人全部财产。

罪犯梁玉景、黎国都已于2022年6月15日被依法执行死刑。

三、典型意义

制造毒品属于源头性毒品犯罪,历来是我国禁毒斗争的打击重点。近年来,广东等地的规模化制毒活动在持续严厉打击和有效治理之下,逐步得到遏制,但制毒活动出现了向周边省市转移的现象,国内其他地区分散、零星制毒犯罪仍时有发生,且犯罪手段呈现分段式、隐秘化等特点。本案是一起发生在广西的家族式重大制毒犯罪,参与人数多、制毒规模大,涉案人员大多具有亲属关系。同案人在梁玉景、黎国都指挥下实施制毒犯罪,从广东购入制毒原料,跨省运输至广西农村地区进行制造。案发时在制毒场地查获甲基苯丙胺晶体419.2千克、含甲基苯丙胺成分的固液混合物143.92千克及制毒物品氯麻黄碱148.42千克,毒品数量特别巨大。梁玉景、黎国都系该制毒团伙中罪责最为突出的主犯,罪行极其严重。人民法院依法对二人适用死刑,体现了突出打击重点、严惩源头性毒品犯罪的严正立场。

案例2

冯志国运输毒品案

——暴力抗拒检查,持刀捅刺致执法人员重伤,
且系累犯,罪行极其严重

一、基本案情

被告人冯志国,男,汉族,1987年5月6日出生,农民。2012年12月26日因犯拐卖妇女罪被判处有期徒刑五年,并处罚金人民币三千元,2017年3月9日刑满释放。

2017年4月、5月,被告人冯志国与同村村民李复生、周明(均另案处理)先后从贵州省来到云南省镇康县南伞镇,共谋实施毒品犯罪。同年6月1日,三人携带毒品驾乘摩托车由镇康县南伞镇前往云南省保山市,23时许途经镇康县勐堆乡铜厂北路时发现前方设卡检查,冯志国遂将毒品丢弃在路边。执法人员经检查,发现三人形迹可疑,遂沿三人驶来方向搜查,在约30米远路边处查获海洛因1777克。冯志国见罪行败露,即持刀捅刺追捕的执法人员昝某后逃跑,致昝某肠破裂,构成重伤二级。2018年1月10日,冯志国在贵州省贵阳市被抓获。

二、裁判结果

本案由云南省临沧市中级人民法院一审,云南省高级人民法院二审。最高人民法院对本案进行了死刑复核。

法院认为,被告人冯志国明知是毒品而伙同他人进行运输,其行

为已构成运输毒品罪。冯志国从贵州省到云南省边境地区实施毒品犯罪,与另案被告人李复生、周明分工配合,共同运输毒品,应依法按照其所参与的全部犯罪处罚。冯志国运输海洛因数量大,并暴力抗拒检查,情节严重,社会危害大,罪行极其严重。冯志国曾因犯拐卖妇女罪被判处有期徒刑,刑罚执行完毕后五年内又实施本案犯罪,系累犯,应依法从重处罚。据此,依法对被告人冯志国判处并核准死刑,剥夺政治权利终身,并处没收个人全部财产。

罪犯冯志国已于2021年9月9日被依法执行死刑。

三、典型意义

近年来,部分毒品犯罪分子为逃避法律制裁,不惜铤而走险,采用暴力手段抗拒检查、抓捕,增加了执法人员查缉毒品犯罪的风险,也对社会治安和人民群众的生命财产安全构成威胁。根据刑法第三百四十七条第二款的规定,走私、贩卖、运输、制造毒品,并具有以暴力抗拒检查、拘留、逮捕,情节严重情形的,处十五年有期徒刑、无期徒刑或者死刑。《最高人民法院关于审理毒品犯罪案件适用法律若干问题的解释》第三条第二款规定,以暴力抗拒检查、拘留、逮捕,情节严重,是指造成执法人员死亡、重伤、多人轻伤等情形。本案中,被告人冯志国在罪行被执法人员察觉后,为逃跑持刀连续捅刺执法人员致其重伤,属于暴力抗拒检查情节严重的情形。冯志国曾因犯拐卖妇女罪被判刑,刑满释放后短期内即再次实施本案犯罪,系累犯。冯志国对抗执法权威的行为及其前科情节,均反映出其较深的主观恶性和较大的人身危险性,依法应在法定量刑幅度内从重处罚。人民法院对其依法严惩并适用死刑,警示妄图以暴力对抗手段逃避法律追究的毒品犯罪分子,切勿心存侥幸。

案例3

邱山喜贩卖、运输毒品案

——通过非法手段获取他人犯罪线索并检举，不构成立功，且系毒品再犯，罪行极其严重

一、基本案情

被告人邱山喜，曾用名邱三喜，男，汉族，1976年5月5日出生，农民。2004年1月12日因犯走私毒品罪被判处有期徒刑七年，并处罚金人民币五万元。

2013年6、7月份，被告人邱山喜欲从广东省广州市一名毒贩（身份不明）处购买毒品进行贩卖，并将此事告知元海银（同案被告人，已判刑），让元海银为其准备30万元现金。元海银同意，并提出从中购买一块毒品。同年7月13日，邱山喜携带元海银提供的30万元毒资，前往广州市交易毒品。后邱山喜将购得的毒品藏匿于其驾驶的丰田汽车后排座椅内，驾车返回安徽省临泉县，途中被公安人员抓获，当场查获海洛因3481.4克。邱山喜被抓获后，其亲属通过贿买手段获取范某某贩卖毒品犯罪线索，交由其检举揭发。

二、裁判结果

安徽省阜阳市中级人民法院一审根据公安机关出具的立功材料，错误认定被告人邱山喜检举揭发他人犯罪属实，具有重大立功表现，据此从轻判处邱山喜无期徒刑。安徽省高级人民法院二审维持原判。裁判发生法律效力后，安徽省高级人民法院发现原审裁判认定事实和适用法律确有错误，经再审改判邱山喜死刑。最高人民法院对本案进行了死刑复核。

法院认为，被告人邱山喜明知是海洛因而伙同他人贩卖、运输，其行为已构成贩卖、运输毒品罪。在共同犯罪中，邱山喜提起犯意，纠集他人参与出资，自行完成购买、运输毒品行为，起主要作用，系主

犯。邱山喜贩卖、运输毒品数量大,社会危害大,罪行极其严重,且其曾因犯走私毒品罪被判处刑罚,系毒品再犯,应依法从重处罚。邱山喜检举范某某贩卖毒品的线索系通过贿买的非法手段获取,根据《最高人民法院关于处理自首和立功若干具体问题的意见》(以下简称《自首立功意见》)第四条的规定,不能认定为具有立功表现。据此,依法对被告人邱山喜改判并核准死刑,剥夺政治权利终身,并处没收个人全部财产。

罪犯邱山喜已于2022年6月15日被依法执行死刑。

三、典型意义

刑法设立立功制度,主要目的在于通过对犯罪分子承诺并兑现从宽处罚,换取其积极揭露他人罪行,以便司法机关及时发现、查处犯罪,节约司法资源。同时,检举揭发他人犯罪也在一定程度上反映出犯罪分子弃恶从善的愿望,有利于促成其悔过自新。但是,构成立功要求犯罪分子检举线索的来源必须合法,否则就背离了立功制度创设的初衷和价值取向,且违反相关法律法规,破坏公序良俗。《自首立功意见》第四条规定,犯罪分子通过贿买、暴力、胁迫等非法手段,获取他人犯罪线索并"检举揭发"的,不能认定为有立功表现。本案中,被告人邱山喜携款向上家求购大量毒品并跨省长途运输,罪行极其严重,且系毒品再犯,论罪应处死刑。邱山喜到案后检举揭发范某某贩卖毒品线索,公安机关据此侦破范某某贩毒一案,范某某被判处无期徒刑以上刑罚。经再审查明,上述检举线索系邱山喜亲属通过贿买的非法手段获取后交由邱山喜检举揭发,根据《自首立功意见》的规定,即便检举线索查证属实,邱山喜的行为也不构成立功。人民法院依法启动再审,对邱山喜改判死刑,彰显了对严重毒品犯罪绝不姑息的态度和实事求是、有错必纠的决心。

案例 4

郑保涛等制造毒品、非法生产、买卖制毒物品案

——明知他人制造甲卡西酮而向其提供制毒原料；
非法生产、买卖制毒物品，情节特别严重

一、基本案情

被告人郑保涛，曾用名郑俊杰，男，汉族，1987 年 11 月 11 日出生，农民。

被告人焦绪波，男，汉族，1975 年 2 月 5 日出生，个体经营者。

被告人李晓龙，曾用名李龙，男，汉族，1994 年 1 月 2 日出生，无业。

被告人金学，男，汉族，1992 年 2 月 27 日出生，农民。

被告人房晓帅，男，汉族，1983 年 4 月 6 日出生，无业。

被告人郑营，男，汉族，1979 年 3 月 18 日出生，农民。

被告人郑保涛明知张新明、宋书斌（均另案处理）等购买溴代苯丙酮、苯丙酮等用于制造毒品，自 2019 年 3 月至 10 月间，在山东省滨州市、高青县、桓台县等地，多次向张新明等介绍购买或者贩卖溴代苯丙酮、苯丙酮等制毒原料，并介绍李勇（另案处理）加入张新明等制毒、贩毒团伙。张新明等利用从郑保涛处购买的制毒原料生产甲卡西酮至少 28.23 千克。

2019 年 8 月至 11 月，被告人郑保涛、金学、郑营在桓台县非法生产溴代苯丙酮、苯丙酮，并将生产的溴代苯丙酮分两次贩卖给陈云飞、王成毅（均另案处理）。2019 年 10 月至 2020 年 4 月，被告人焦绪波、李晓龙、郑保涛、金学在山东省潍坊市非法生产溴代苯丙酮、苯丙酮，并交叉结伙多次向被告人房晓帅和陈云飞、王成毅、韦冰冰（另案处理）非法贩卖。其中，焦绪波共计非法生产溴代苯丙酮 1428 千克、

苯丙酮3700千克,李晓龙共计非法生产溴代苯丙酮1428千克、苯丙酮2100千克,郑保涛共计非法生产、买卖溴代苯丙酮127.6千克,金学共计非法生产、买卖溴代苯丙酮54.2千克、苯丙酮21千克,郑营共计非法生产、买卖溴代苯丙酮17千克、苯丙酮21千克,房晓帅共计非法买卖溴代苯丙酮24.3千克。

二、裁判结果

本案由山东省桓台县人民法院一审,山东省淄博市中级人民法院二审。

法院认为,被告人郑保涛明知他人制造毒品而提供用于制造毒品的原料,其行为已构成制造毒品罪;郑保涛伙同被告人焦绪波、李晓龙、金学非法生产、买卖用于制造毒品的原料,情节特别严重,被告人郑营非法生产、买卖用于制造毒品的原料,情节严重,其行为均已构成非法生产、买卖制毒物品罪;被告人房晓帅非法买卖用于制造毒品的原料,情节严重,其行为已构成非法买卖制毒物品罪。对郑保涛所犯数罪,应依法并罚。在非法生产、买卖制毒物品共同犯罪中,郑保涛起主要作用,系主犯;金学、郑营起次要作用,系从犯,应依法减轻处罚。郑保涛、焦绪波、李晓龙、房晓帅买卖溴代苯丙酮部分事实系犯罪未遂,可比照既遂犯从轻处罚。郑保涛到案后协助抓获房晓帅,构成立功;焦绪波、李晓龙、郑营、金学到案后如实供述主要犯罪事实,均可依法从轻处罚。焦绪波、李晓龙、金学、郑营、房晓帅自愿认罪认罚,可依法从宽处理。据此,依法对被告人郑保涛以制造毒品罪判处有期徒刑十五年,并处没收个人财产人民币二十万元,以非法生产、买卖制毒物品罪判处有期徒刑七年,并处罚金人民币十万元,决定执行有期徒刑十九年,并处没收个人财产人民币二十万元、罚金人民币十万元;对被告人焦绪波、李晓龙、金学、房晓帅、郑营分别判处有期徒刑九年六个月、九年、五年、三年、一年九个月,并处数额不等罚金。

淄博市中级人民法院于2021年8月3日作出二审刑事裁定,现已发生法律效力。

三、典型意义

近年来,以制毒物品为原料,采用化学合成方法制造甲卡西酮等新型毒品的犯罪呈上升趋势。加大对制毒物品犯罪的打击力度,是从源头上遏制制造新型毒品犯罪的重要手段。本案是一起非法制造、买卖制毒物品,同时构成制造毒品共犯的典型案例。溴代苯丙酮、苯丙酮属于国家严格管控的制毒物品,被告人郑保涛等多次、大量非法生产、买卖溴代苯丙酮、苯丙酮等制毒物品,根据《最高人民法院关于审理毒品犯罪案件适用法律若干问题的解释》第八条第二款的规定,属于情节特别严重情形,人民法院依法对其判处七年以上有期徒刑。同时,当前制造毒品犯罪日益呈现团伙作案、分工精细、分段进行等特点,有必要予以全链条、全方位打击处理。明知他人制造毒品而向其提供制毒原料的,构成制造毒品罪的共犯,依法应予严惩。人民法院以制造毒品罪与非法生产、买卖制毒物品罪对郑保涛数罪并罚,决定执行有期徒刑十九年,并处以高额财产刑,体现了坚决遏制毒品来源、严厉惩治此类犯罪的一贯立场。同时,人民法院对本案中犯罪情节较轻,或者具有从犯、立功、坦白等法定从宽处罚情节的被告人依法从轻、减轻处罚,全面贯彻了宽严相济刑事政策。

案例 5

万昊能等贩卖毒品、洗钱案

——贩卖含有合成大麻素成分的电子烟油
并“自洗钱”,依法数罪并罚

一、基本案情

被告人万昊能,男,汉族,1998 年 1 月 2 日出生,无业。

被告人黄云,男,汉族,2000 年 10 月 4 日出生,无业。

被告人刘智勇,男,汉族,2001 年 8 月 14 日出生,无业。

2021年7月1日至8月21日,被告人万昊能在明知合成大麻素类物质已被列管的情况下,为牟取非法利益,通过微信兜售含有合成大麻素成分的电子烟油,先后六次采用雇请他人送货或者发送快递的方式向多人贩卖,得款共计4900元。被告人黄云两次帮助万昊能贩卖共计600元含有合成大麻素成分的电子烟油,被告人刘智勇帮助万昊能贩卖300元含有合成大麻素成分的电子烟油。为掩饰、隐瞒上述犯罪所得的来源和性质,万昊能收买他人微信账号并使用他人身份认证,收取毒资后转至自己的微信账号,再将犯罪所得提取至银行卡用于消费等。同年8月23日,公安人员在万昊能住处将其抓获,当场查获电子烟油15瓶,共计净重111.67克。次日,公安人员在万昊能租赁的仓库内查获电子烟油94瓶,共计净重838.36克。经鉴定,上述烟油中均检出ADB-BUTINACA和MDMB-4en-PINACA合成大麻素成分。万昊能、黄云到案后,分别协助公安机关抓捕吴某某(另案处理)、刘智勇。

二、裁判结果

本案由江西省南昌市西湖区人民法院一审,南昌市中级人民法院二审。

法院认为,被告人万昊能、黄云、刘智勇向他人贩卖含有合成大麻素成分的电子烟油,其行为均已构成贩卖毒品罪。万昊能为掩饰、隐瞒毒品犯罪所得的来源和性质,采取收买他人微信账号收取毒资后转至自己账号的支付结算方式转移资金,其行为又构成洗钱罪。对万昊能所犯数罪,应依法并罚。万昊能贩卖含有合成大麻素成分的电子烟油,数量大,社会危害大。万昊能、黄云、刘智勇到案后如实供述自己的罪行,万昊能、黄云协助抓捕其他犯罪嫌疑人,有立功表现,黄云、刘智勇自愿认罪认罚,均可依法从轻处罚。据此,依法对被告人万昊能以贩卖毒品罪判处有期徒刑十五年,并处没收个人财产人民币六万元,以洗钱罪判处有期徒刑十个月,并处罚金人民币五万元,决定执行有期徒刑十五年,并处没收个人财产人民币六万元、罚金人民币五万元;对被告人黄云、刘智勇均判处有期徒刑八个月,并处罚金人民币一万元。

南昌市中级人民法院于2022年6月2日作出二审刑事裁定，现已发生法律效力。

三、典型意义

合成大麻素类物质是人工合成的化学物质，相较天然大麻能产生更为强烈的兴奋、致幻等效果。吸食合成大麻素类物质后，会出现头晕、呕吐、精神恍惚等反应，过量吸食会出现休克、窒息甚至猝死等情况，社会危害极大。2021年7月1日起，合成大麻素类物质被列入《非药用类麻醉药品和精神药品管制品种增补目录》进行整类列管，以实现对此类新型毒品犯罪的严厉打击。合成大麻素类物质往往被不法分子添加入电子烟油中或喷涂于烟丝等介质表面，冠以“上头电子烟”之名在娱乐场所等进行贩卖，因其外表与普通电子烟相似，故具有较强迷惑性，不易被发现和查处，严重破坏毒品管制秩序，危害公民身体健康。本案被告人万昊能六次向他人出售含有合成大麻素成分的电子烟油，被抓获时又从其住所等处查获大量用于贩卖的电子烟油。人民法院根据其贩卖毒品的数量、情节和对社会的危害程度，对其依法从严适用刑罚，同时警示社会公众自觉抵制新型毒品诱惑，切莫以身试毒。

毒品犯罪是洗钱犯罪的上游犯罪之一。洗钱活动在为毒品犯罪清洗毒资的同时，也为扩大毒品犯罪规模提供了资金支持，助长了毒品犯罪的蔓延。《中华人民共和国刑法修正案（十一）》将“自洗钱”行为规定为犯罪，加大了对从洗钱犯罪中获益最大的上游犯罪本犯的惩罚力度。本案中，被告人万昊能通过收购的微信账号等支付结算方式，转移自身贩卖毒品所获毒资，掩饰、隐瞒贩毒违法所得的来源和性质，妄图“洗白”毒资和隐匿毒资来源。人民法院对其以贩卖毒品罪、洗钱罪数罪并罚，以同步惩治上下游犯罪，斩断毒品犯罪的资金链条，摧毁毒品犯罪分子再犯罪的经济基础。

案例6

古亮引诱、教唆他人吸毒、容留他人吸毒案

——引诱、教唆、容留未成年人吸毒,且系累犯,依法严惩

一、基本案情

被告人古亮,男,汉族,1996年4月16日出生,无业。2016年12月20日因犯引诱、教唆他人吸毒罪被判处有期徒刑四年,并处罚金人民币五千元,2019年2月28日刑满释放。

2020年10月,被告人古亮与严某某、李某某(均系未成年人)在四川省宜宾市南溪区罗龙镇严某某母亲家中居住,古亮明知严某某、李某某没有吸毒史,在二人面前制作吸毒工具,询问二人是否愿意尝试吸毒,并示范吸毒方法,讲述吸毒后的体验,引诱、教唆二人吸食毒品,先后和严某某、李某某一起吸食了其提供的甲基苯丙胺(冰毒)。同年11月,古亮多次在宜宾市南溪区南山一品二期其租住的房间内容留吸毒人员及严某某、李某某吸食甲基苯丙胺。

二、裁判结果

本案由四川省宜宾市南溪区人民法院一审,宜宾市中级人民法院二审。

法院认为,被告人古亮通过向他人宣扬吸食毒品后的感受等方法,诱使、教唆他人吸食毒品,其行为已构成引诱、教唆他人吸毒罪。古亮多次提供场所容留吸毒人员及未成年人严某某、李某某吸食毒品,其行为已构成容留他人吸毒罪。对古亮所犯数罪,应依法并罚。古亮引诱、教唆未成年人吸毒,且其曾因犯引诱、教唆他人吸毒罪被判处有期徒刑,刑满释放后五年内又实施本案犯罪,系累犯,应依法从重处罚。古亮到案后如实供述自己的主要犯罪事实,可依法从轻处罚。据此,依法对被告人古亮以引诱、教唆他人吸毒罪判处有期徒刑二年六个月,并处罚金人民币三千元;以容留他人吸毒罪判处有期

徒刑一年一个月,并处罚金人民币三千元,决定执行有期徒刑三年四个月,并处罚金人民币六千元。

宜宾市中级人民法院于2021年9月18日作出二审刑事裁定,现已发生法律效力。

三、典型意义

毒品具有较强的致瘾癖性,一旦沾染,极易造成身体和心理的双重依赖。未成年人好奇心强,心智发育尚不成熟,欠缺自我保护能力,更易遭受毒品危害。人民法院始终坚持将犯罪对象为未成年人以及组织、利用未成年人实施的毒品犯罪作为打击重点。本案是一起典型的引诱、教唆、容留未成年人吸毒案件。被告人古亮在未成年人面前实施言语诱导、传授吸毒方法、宣扬吸毒感受的行为,造成两名本无吸毒意愿的未成年人吸食毒品的后果,且其多次提供场所容留未成年人吸毒,社会危害大。古亮曾因引诱、教唆他人吸毒犯罪情节严重被判处有期徒刑四年,仍不思悔改,刑满释放不足一年又再次实施同类犯罪,系累犯,主观恶性深,人身危险性大。人民法院根据其犯罪事实、性质、情节和危害后果,依法对其从重处罚,贯彻了加大对末端毒品犯罪惩处力度的刑事政策,体现了对侵害未成年人毒品犯罪予以严惩的坚定立场。在通过刑罚手段阻断毒品危害殃及未成年人的同时,人民法院也呼吁广大青少年深刻认识毒品危害,守住心理防线,慎重交友,远离易染毒环境和人群。

案例7

梁宇立走私、贩卖毒品案

——多次走私大麻入境,并向多名吸毒人员贩卖,情节严重

一、基本案情

被告人梁宇立,男,汉族,1990年4月19日出生,公司职员。

自2021年3月起,被告人梁宇立多次以每克50元至70元不等的价格,在网上向境外人员购买大麻,并通过国际邮包寄递入境。梁宇立收到大麻后,以每克150元至180元不等的价格贩卖给吸毒人员朱某、何某某、梁某某、郑某某等人(均另案处理)。同年8月11日,梁宇立准备向吸毒人员朱某等人贩卖大麻时,在其位于广东省广州市海珠区海康街的住处被抓获。公安人员当场查获梁宇立用于贩卖的大麻361.43克及作案工具电子秤、包装袋等。

二、裁判结果

本案由广东省广州市荔湾区人民法院审理。

法院认为,被告人梁宇立违反国家对毒品的管制规定,从境外购买大麻非法寄递入境,并贩卖给他人,其行为已构成走私、贩卖毒品罪。梁宇立多次走私毒品并向多人贩卖,根据《最高人民法院关于审理毒品犯罪案件适用法律若干问题的解释》第四条第(一)项的规定,应认定为刑法第三百四十七条第四款规定的"情节严重"。梁宇立到案后如实供述自己的罪行,可依法从轻处罚;自愿认罪认罚,可依法从宽处理。据此,依法对被告人梁宇立判处有期徒刑三年六个月,并处罚金人民币五万元。

荔湾区人民法院于2022年2月22日作出刑事判决。宣判后,在法定期限内没有上诉、抗诉。判决现已发生法律效力。

三、典型意义

大麻类毒品包括大麻植物干品、大麻树脂、大麻油等,最主要的活性成分为四氢大麻酚,对人体有麻醉、致幻等作用。大麻具有成瘾性,长期滥用可导致呼吸系统、免疫系统问题或精神疾病。我国将大麻类物质和四氢大麻酚分别列为麻醉药品和一类精神药品进行严格管制。近年来,受境外部分国家大麻"合法化"的影响,一些留学生、海外归国人员、文娱从业人员产生大麻类毒品成瘾性低、危害性小的错误认知,出于猎奇心理或追求感官刺激而吸食大麻。随着国内管制不断加强,犯罪分子利用互联网从境外购买大麻,通过国际邮包少量、多次、分散寄递入境后,贩卖给滥用群体。本案是一起典型的与境外卖家勾连交易，通过国际快递走私大麻入境后在国内贩卖的案件。被告人梁宇立为牟取高额利润，多次走私大麻入境，并向多名吸毒人员贩卖，既系源头性犯罪，又直接导致毒品进入消费环节，情节严重，社会危害大。人民法院依法对其从严惩处，体现了厉行禁毒的坚定立场，同时也提醒广大群众，特别是青少年群体充分认识大麻危害，提高对毒品的防范意识和鉴别能力。

案例 8

周洪伟贩卖、运输毒品案

——利用“互联网 + 物流寄递”手段多次向吸毒人员贩卖麻精药品，情节严重

一、基本案情

被告人周洪伟，男，汉族，1993 年 5 月 22 日出生，务工人员。

2021 年 3 月，被告人周洪伟明知艾司唑仑片、泰勒宁（氨酚羟考酮片）等系国家管制的精神药品，仍以牟利为目的，在微信、抖音、百度贴吧等网络社交平台寻找买家，通过闲鱼 App 三次向吸毒人员贩卖，共计贩卖艾司唑仑片 1 盒（20 片）、泰勒宁 7 盒（70 片），并通过快递寄送上述精神药品。后公安人员将周洪伟抓获，并从其租住处查获艾司唑仑片、酒石酸唑吡坦片、劳拉西泮片、佐匹克隆片等数百片。

二、裁判结果

本案由福建省石狮市人民法院审理。

法院认为，被告人周洪伟明知是国家管制的能够使人形成瘾癖的精神药品仍向吸毒人员贩卖、运输，其行为已构成贩卖、运输毒品罪。周洪伟多次贩卖毒品，根据《最高人民法院关于审理毒品犯罪案件适用法律若干问题的解释》第四条第（一）项的规定，应认定为刑法第三百四十七条第四款规定的“情节严重”。周洪伟到案后如实供述

自己的罪行,可依法从轻处罚。据此,依法对被告人周洪伟判处有期徒刑三年,并处罚金人民币三千元。

石狮市人民法院于2021年9月24日作出刑事判决。宣判后,在法定期限内没有上诉、抗诉。判决现已发生法律效力。

三、典型意义

近年来,随着我国对海洛因、甲基苯丙胺等毒品犯罪的打击力度不断加强,部分常见毒品逐渐较难获得,一些吸毒人员转而通过非法手段获取处方麻精药品作为替代物滥用,以满足吸毒瘾癖,具有医疗用途的麻精药品流入非法渠道的情况时有发生。为加大监管力度,有关职能部门联合印发《关于将含羟考酮复方制剂等品种列入精神药品管理的公告》,规定自2019年9月1日起将含羟考酮的复方制剂(含泰勒宁)列入精神药品管理。《全国法院毒品犯罪审判工作座谈会纪要》明确规定,向吸食、注射毒品的人员贩卖国家规定管制的能够使人形成瘾癖的麻醉药品或者精神药品的,以贩卖毒品罪定罪处罚。同时,随着互联网技术、物流业的快速发展,犯罪分子依托互联网联络毒品交易并收取毒资、通过快递物流渠道交付毒品的现象日益突出。信息网络的跨地域性、匿名性特点,使得毒品犯罪手段愈趋隐蔽化、多样化,监管、打击难度不断加大。本案就是犯罪分子利用“互联网+物流寄递”手段向吸毒人员贩卖国家规定管制的处方麻精药品的典型案例。被告人周洪伟在微信、抖音、百度贴吧等网络社交平台寻找联系买家,明知买家购买麻精药品作为成瘾替代物,仍通过闲鱼交易平台下单结算,再通过物流方式向各地买家寄送,犯罪手段隐蔽,社会危害性大。周洪伟多次向吸毒人员贩卖毒品,情节严重。除已售出的麻精药品外,公安人员还从周洪伟租住处查获大量国家管制的精神药品。人民法院对周洪伟依法适用刑罚,体现了对利用信息网络实施非法贩卖麻精药品犯罪的严厉打击。

案例9

何启安贩卖毒品案

——向吸毒人员贩卖氟胺酮，且系累犯，依法严惩

一、基本案情

被告人何启安，男，汉族，1974年6月27日出生，务工人员。2018年6月20日因犯盗窃罪被判处有期徒刑二年二个月，并处罚金人民币五千元，同年7月17日刑满释放。

2021年9月2日，被告人何启安在江西省萍乡市火车站一麻将馆内，以5000元的价格从“狗鸭”（身份不明）处购得约5克氟胺酮，后为增重将“消炎粉”掺杂到所购氟胺酮内形成混合物。次日，何启安在湖南省株洲市芦淞区将15克上述氟胺酮混合物贩卖给吸毒人员刘某、陈某，得款7500元。同月6日，何启安在萍乡市区密码酒店附近将约11克上述氟胺酮混合物贩卖给陈某，得款5500元。

二、裁判结果

本案由湖南省攸县人民法院审理。

法院认为，被告人何启安明知氟胺酮是国家管制的能够使人形成瘾癖的麻精药品仍贩卖给他人，其行为已构成贩卖毒品罪。何启安曾因犯盗窃罪被判处有期徒刑，在刑罚执行完毕后五年内又实施本案犯罪，系累犯，应依法从重处罚。何启安到案后如实供述自己的罪行，可依法从轻处罚；自愿认罪认罚，可依法从宽处理。据此，依法对被告人何启安判处有期徒刑一年九个月，并处罚金人民币一万元。

攸县人民法院于2021年11月25日作出刑事判决。宣判后，在法定期限内没有上诉、抗诉。判决现已发生法律效力。

三、典型意义

氟胺酮是对氯胺酮（俗称“K粉”）进行化学结构修饰得到的类似物，从外观看两者同为白色结晶粉末状，具有相似的麻醉、致幻等效

果,长期吸食氟胺酮会引发对人体脏器的永久损害,滥用过量甚至会导致死亡。近年来,随着国家对涉氯胺酮犯罪的打击力度不断加大,不法分子逐渐将目标转向氟胺酮,将其作为氯胺酮的替代物非法吸食、贩卖,以逃避法律制裁。为防范氟胺酮等新精神活性物质蔓延,有关职能部门联合发布《关于将合成大麻素类物质和氟胺酮等18种物质列入〈非药用类麻醉药品和精神药品管制品种增补目录〉的公告》,决定从2021年7月1日起正式将氟胺酮纳入列管范围。该公告的施行为打击氟胺酮等新型毒品犯罪提供了依据。本案系一起典型的涉氟胺酮犯罪案件。被告人何启安曾因犯盗窃罪被判处刑罚,刑满释放后不思悔改,又两次向吸毒人员贩卖氟胺酮,系累犯,主观恶性深,人身危险性大。人民法院根据何启安的犯罪事实、性质、情节和对社会的危害程度,对其依法从严惩处,彰显了人民法院坚决打击新型毒品犯罪的严正立场。

案例10

郑波故意杀人案

——吸毒致幻后杀死父母,罪行极其严重

一、基本案情

被告人郑波,男,汉族,1981年7月12日出生,无业。

被告人郑波系吸毒人员。2019年10月4日,郑波在家中吸食了甲基苯丙胺(冰毒)。次日1时许,郑波无端怀疑妻子陈某有外遇,与其妻发生争执。4时许,郑波来到父母卧室称其欲离婚,遭到其母范某某(被害人,殁年66岁)责骂,即持随身携带的仿制军刀捅刺范的头面部、颈部等处数刀,后又持刀捅刺瘫痪在床的其父郑某某(被害人,殁年76岁)颈部等处数刀。陈某劝阻郑波,郑持刀威胁陈下跪。后郑波见范某某未死,遂脚踢范某某头部,并再次捅刺范某某、郑某

某数刀，致二人死亡。

二、裁判结果

本案由四川省成都市中级人民法院一审，四川省高级人民法院二审。最高人民法院对本案进行了死刑复核。

法院认为，被告人郑波故意非法剥夺他人生命，其行为已构成故意杀人罪。郑波吸食毒品产生幻觉，持刀捅刺父母数刀，将二人杀死，杀人犯意坚决，犯罪情节恶劣，手段残忍，后果和罪行极其严重，应依法惩处。据此，依法对被告人郑波判处并核准死刑，剥夺政治权利终身。

罪犯郑波已于 2022 年 5 月 24 日被依法执行死刑。

三、典型意义

吸食毒品不仅给吸毒者本人造成难以逆转的身心损害，还容易诱发各类次生犯罪。长期吸食毒品花费大量钱财，吸毒者可能迫于经济压力“以贩养吸”，或者实施盗窃、抢劫等侵财犯罪。同时，因毒品具有中枢神经兴奋、抑制或者致幻作用，会导致吸毒者狂躁、抑郁甚至出现被害妄想、幻视幻听症状，进而肇事肇祸，严重危害社会治安和公共安全。本案中，被告人郑波自述长期吸毒，平时吸食冰毒、“摇头丸”等多种毒品，其曾因吸食毒品被行政拘留、社区戒毒，但仍不思悔改，又继续吸食毒品，致幻后无端怀疑妻子出轨，认为劝阻其离婚的母亲系“恶魔”，持刀杀死母亲和瘫痪在床的父亲，罪行令人发指。本案充分反映出毒品给吸食者本人、家庭和社会带来的严重危害。人民法院在严惩郑波罪行的同时，也告诫每一位公民自觉防范、抵制毒品，远离这一摧毁人性的真正“恶魔”。

2021 年十大毒品(涉毒)犯罪典型案例

(2021 年 6 月 25 日)

案例 1

李奇峰走私、贩卖、运输毒品、组织越狱案

——缓刑考验期内实施毒品犯罪,数量特别巨大,羁押期间组织越狱,罪行极其严重

(一)基本案情

被告人李奇峰,男,汉族,1974 年 2 月 19 日出生,无业。2014 年 3 月 19 日因犯非法买卖制毒物品罪被判处有期徒刑三年,缓刑四年,并处罚金人民币二十万元,缓刑考验期至 2018 年 9 月 2 日止。

2017 年 1 月,被告人李奇峰在缅甸购得甲基苯丙胺片剂(俗称“麻古”),指使同乡李新林、邓文武(均系同案被告人,已判刑)与其共同重新包装后藏匿在事先改装的货车货厢底部夹层内,又雇用秦永胜(同案被告人,已判刑)运输毒品。同月 23 日,李奇峰安排同乡刘迎春(另案处理)将上述货车从缅甸偷开入境至云南省沧源县某偏僻处停放,又指使李新林将秦永胜送到该处。秦永胜接取上述藏有毒品的货车后,按照李奇峰书写的车辆行驶路线,驾驶该车前往湖南

省，同日17时许途经沧源县城时被公安人员抓获。公安人员在该货车夹层内查获甲基苯丙胺片剂38包，共计374544克。

被告人李奇峰被抓获后，在看守所羁押期间产生越狱之念，纠集同监室在押人员朱军华、周中（均已另案判刑）参与，并自制塑料锐器等工具。2018年1月6日17时许，李奇峰等三人准备越狱，因看守所值班民警发现异常而未实施。次日17时20分许，三人趁放风之机，使用事先准备的工具挟持值班民警，打开两道监区门，欲从送饭通道逃跑，但因通道铁门外部上锁而未果，后与值班民警发生打斗，被赶来的武警等抓获。

（二）裁判结果

本案由云南省普洱市中级人民法院一审，云南省高级人民法院二审。最高人民法院对本案进行了死刑复核。

法院认为，被告人李奇峰走私、贩卖、运输甲基苯丙胺片剂，其行为已构成走私、贩卖、运输毒品罪；李奇峰纠集在押人员越狱，其行为又构成组织越狱罪。李奇峰走私、贩卖、运输毒品，数量特别巨大，社会危害极大，罪行极其严重，在羁押期间组织同监室在押人员自制工具、挟持管教人员，暴力越狱，主观恶性极深，人身危险性极大，应依法惩处。李奇峰在走私、贩卖、运输毒品和组织越狱共同犯罪中均起组织、指挥作用，均系主犯，应当按照其所组织、指挥的全部犯罪处罚。李奇峰曾因犯非法买卖制毒物品罪被判刑，在缓刑考验期内又犯罪，依法应撤销缓刑，数罪并罚。据此，依法对被告人李奇峰以走私、贩卖、运输毒品罪判处死刑，剥夺政治权利终身，并处没收个人全部财产；以组织越狱罪判处有期徒刑七年；撤销缓刑，数罪并罚，决定执行死刑，剥夺政治权利终身，并处没收个人全部财产。

罪犯李奇峰已于2020年9月29日被依法执行死刑。

（三）典型意义

我国毒品主要来自境外。云南是"金三角"毒品主要的渗透入境地和中转集散地，大宗走私、贩卖、运输毒品犯罪多发，是遏制境外毒品向内地扩散的前沿阵地。本案就是一起境外购毒、走私入境、境内贩运的典型案例。被告人李奇峰在境外购毒,指使并伙同他人共同藏毒,安排他人将毒品走私入境,雇用司机运往内地,毒品数量特别巨大,羁押期间组织在押人员暴力越狱,且其曾因犯非法买卖制毒物品罪被判刑,缓刑考验期内又犯罪,主观恶性极深,人身危险性极大,不堪改造。人民法院依法对李奇峰判处死刑,体现了对源头性毒品犯罪的严惩立场。

案例 2

唐志东制造毒品案

——纠集多人大量制造毒品,罪行极其严重,且系累犯

(一)基本案情

被告人唐志东,男,汉族,1973 年 11 月 24 日出生,农民。2012 年 6 月 26 日因犯抢劫罪被判处有期徒刑一年六个月,并处罚金人民币二千元,因患病暂予监外执行,刑期至 2013 年 11 月 29 日止。

2016 年 5 月 4 日,被告人唐志东与郭远柏、蔡笃炜(均系同案被告人,已判刑)在四川省成都市商议制毒事宜,唐志东安排郭远柏协助其制造甲基苯丙胺(冰毒),蔡笃炜提供其在四川省资中县某村的住房作为制毒窝点并找人将制毒原料和工具送往该处。后蔡笃炜、郭远柏分别纠集黄前良(同案被告人,已判刑)、郭城(另案处理)参与。同月 8 日,蔡笃炜与黄前良、郭城驾车将从唐志东处接取的制毒原料、工具等运至制毒窝点。次日,唐志东提供制毒核心技术,负责配置制毒原料等,安排郭远柏、蔡笃炜、黄前良、郭城制造甲基苯丙胺。同月 10 日,唐志东安排郭远柏、蔡笃炜负责后期结晶、冷却等制毒工序后,与黄前良、郭城离开制毒窝点。同月 13 日,公安人员在制毒窝点将郭远柏、蔡笃炜抓获,当场查获甲基苯丙胺 8114 克、含有甲

基苯丙胺成分的固液混合物16970克以及大量制毒辅料和工具,并于当晚在成都市将唐志东抓获。

(二)裁判结果

本案由四川省内江市中级人民法院一审,四川省高级人民法院二审。最高人民法院对本案进行了死刑复核。

法院认为,被告人唐志东非法制造甲基苯丙胺,其行为已构成制造毒品罪。唐志东伙同他人非法制造毒品,数量巨大,社会危害极大,罪行极其严重,且其曾因犯抢劫罪被判刑,在刑罚执行完毕后五年内又犯本罪,系累犯,主观恶性深,人身危险性大,应依法从重处罚。唐志东提供制毒原料、辅料、工具、技术并负责制毒关键环节,安排他人具体操作,在共同犯罪中起主要作用,系地位和作用最为突出的主犯,应按照其所参与的全部犯罪处罚。据此,依法对被告人唐志东判处死刑,剥夺政治权利终身,并处没收个人全部财产。

罪犯唐志东已于2021年5月24日被依法执行死刑。

(三)典型意义

近年来,我国制造甲基苯丙胺等合成毒品犯罪突出,甲基苯丙胺已成为国内滥用人数最多的毒品,防控形势严峻。本案就是一起大量制造甲基苯丙胺的典型案例。被告人唐志东纠集多人制造甲基苯丙胺,不仅是制毒原料、工具、核心技术的提供者,还是制毒关键环节的操作者,对毒品的顺利制造起着决定性作用。本案查获的甲基苯丙胺成品达8千余克,另查获毒品半成品近17千克,社会危害极大,且唐志东系累犯,主观恶性深,人身危险性大。人民法院依法对唐志东判处死刑,体现了对制造类毒品犯罪的严厉惩处。

案例3

张月东等贩卖毒品案

——诊所医务人员向吸毒人员出售精神药品

(一)基本案情

被告人张月东,男,汉族,1969年11月13日出生,乡村诊所经营者、医生。

被告人郭和聪、林进泉、刘继盛、江耀勤、赖友辉、朱志伟、蔡永辉、叶小美、蔡建军、张美霞、林倩如,均系诊所经营者、医务人员;被告人周桢淳、陈志炜,均系农民。

2016年至2017年9月间,被告人张月东在其经营的福建省平和县文峰镇文美村"文美卫生室",向被告人周桢淳、陈志炜和罗文强、林元正、陈智辉等吸毒人员出售奥亭牌复方磷酸可待因口服溶液(以下简称可待因口服液,每包10ml,含磷酸可待因9mg)共计375次,得款110957.8元。

2015年底至2018年3月间,被告人郭和聪等11名医务人员分别在福建省漳州市城区、乡镇、农村各自经营的诊所内,向被告人周桢淳等吸毒人员出售可待因口服液,次数为4次至267次不等,得款在2150元至82812元之间。被告人周桢淳将部分购得的可待因口服液向被告人陈志炜、罗文强、林元正等多名吸毒人员出售共计91次,得款41420元,陈志炜将部分购得的可待因口服液向陈智辉出售共计12次,得款900元。

(二)裁判结果

本案由福建省平和县人民法院一审,福建省漳州市中级人民法院二审。

法院认为,被告人张月东等14人非法贩卖国家规定管制的能够使人形成瘾癖的精神药品,其行为均已构成贩卖毒品罪。张月东等

14 人多次向吸毒人员贩卖毒品，情节严重，应依法惩处。对于张月东，鉴于其认罪认罚，可从轻处罚，依法判处有期徒刑五年二个月，并处罚金人民币六万元。对于郭和聪等 13 名被告人，根据各自犯罪的事实、性质、情节和对社会的危害程度，依法判处有期徒刑四年七个月至有期徒刑三年，缓刑三年六个月不等的刑罚，并处罚金。

上述裁判已于 2020 年 7 月 10 日发生法律效力。

（三）典型意义

国家列管的药用类精神药品和麻醉药品，具有药品与毒品双重属性，长期服用会形成瘾癖。近年来，该类药品流入非法渠道、被作为成瘾替代品滥用的情况时有发生，在一些农村地区尤为明显。本案就是一起诊所医务人员向吸毒人员出售精神药品的典型案例。被告人张月东作为乡村诊所医生，本应利用医学知识积极抵制毒品，却在日常诊疗中非法出售国家列管的精神药品复方磷酸可待因口服溶液，犯罪隐蔽性强，社会危害大。被告人郭和聪等人同是利用其在乡镇、农村等地经营诊所的便利，非法出售该类药品，影响恶劣。人民法院依法对张月东等人进行惩处，体现了对诊所医务人员非法贩卖精神药品犯罪的严厉打击。

案例 4

谢彭等贩卖毒品案

——利用网络联系订单，以比特币形式收取毒资，
通过物流寄递毒品

（一）基本案情

被告人谢彭，男，汉族，1991 年 8 月 29 日出生，无业。

被告人叶楚骏，男，汉族，1993 年 5 月 12 日出生，无业。

2020 年 5 月，被告人谢彭、叶楚骏经预谋，在云南省租赁土地种

植大麻。同年 9 月至 10 月,二人收获大麻后,由谢彭通过 telegram 软件联系毒品订单,以比特币形式收取毒资,由叶楚骏使用虚假姓名,通过快递将大麻邮寄给浙江等地的毒品买家。二人贩卖大麻约 10 次,非法获利 4 万余元。后公安人员将二人抓获,并从叶楚骏处查获大麻 3332.96 克。

(二)裁判结果

本案由浙江省诸暨市人民法院审理。

法院认为,被告人谢彭、叶楚骏向他人贩卖大麻,其行为均已构成贩卖毒品罪。谢彭、叶楚骏多次贩卖毒品,情节严重,应依法惩处。二人结伙贩卖毒品,系共同犯罪,应当按照其所参与的犯罪处罚。鉴于二人归案后均如实供述犯罪事实,认罪认罚,可从轻处罚。据此,依法对被告人谢彭判处有期徒刑三年六个月,并处罚金人民币一万三千元;对被告人叶楚骏判处有期徒刑三年三个月,并处罚金人民币一万元。

宣判后,在法定期限内没有上诉、抗诉。上述判决已于 2021 年 5 月 11 日发生法律效力。

(三)典型意义

随着互联网技术和物流业的发展,犯罪分子利用网络、物流实施毒品犯罪的情况日渐增多,毒品交易手法更趋隐蔽、多样化。本案就是一起犯罪分子使用“互联网 + 虚拟货币 + 物流寄递”手段贩卖毒品的典型案例。比特币是一种认可度较高的虚拟货币,具有匿名性等特点,在本案中被用于毒品交易支付。谢彭、叶楚骏利用网络联系毒品订单,以比特币形式收取毒资,使用虚假姓名寄递毒品,隐蔽性强。人民法院依法对二被告人判处了相应刑罚。

案例5

陈嘉豪贩卖毒品案

——利用微信在酒吧等处多次出售新型毒品

(一)基本案情

被告人陈嘉豪,男,汉族,1999年6月1日出生,无业。

2018年3月至6月,被告人陈嘉豪通过微信联系等方式,在江苏省苏州市姑苏区酒吧、酒店等处向吕聪聪、宋佳能、张晗出售毒品氟硝西泮片剂(俗称"蓝精灵")24次,共计104粒,违法所得4110元。陈嘉豪归案后,其亲属帮助退缴全部违法所得。

(二)裁判结果

本案由江苏省苏州市姑苏区人民法院审理。

法院认为,被告人陈嘉豪非法贩卖国家规定管制的能够使人形成瘾癖的精神药品氟硝西泮,其行为已构成贩卖毒品罪。陈嘉豪多次在酒吧等地向他人贩卖毒品,情节严重,应依法惩处。鉴于陈嘉豪归案后如实供述犯罪事实,认罪认罚,且其亲属代为退缴全部违法所得,可从轻处罚。据此,依法对被告人陈嘉豪判处有期徒刑三年,并处罚金人民币五千元。

宣判后,在法定期限内没有上诉、抗诉。上述判决已于2021年2月19日发生法律效力。

(三)典型意义

氟硝西泮是国家列管的精神药品,俗称"蓝精灵",与酒精作用后危害更大。近年来,"蓝精灵"在酒吧等娱乐场所较为流行,青少年群体是其侵害的主要目标。本案就是一起利用微信在酒吧等地多次出售氟硝西泮的典型案例。被告人陈嘉豪明知吕聪聪等人购买氟硝西泮片剂是提供给酒吧客人饮酒时使用,仍多次贩卖,情节严重。人民法院根据陈嘉豪犯罪的事实、性质、情节和对社会的危害程度,依法对其进行了惩处。

案例6

王飞贩卖、制造毒品案

——将新型毒品伪装成饮料销往多地娱乐场所

(一)基本案情

被告人王飞,男,汉族,1979年6月2日出生,成都陆柒捌贸易有限公司(以下简称陆柒捌公司)法定代表人。

2013年7月,被告人王飞注册成立陆柒捌公司并担任法定代表人。2016年开始,王飞多次以陆柒捌公司名义购买γ-丁内酯,将γ-丁内酯与香精混合,命名为"香精CD123"。2016年5月,王飞在隐瞒"香精CD123"含γ-丁内酯成分的情况下,委托广东康加德食品实业有限公司为"香精CD123"粘贴"果味香精CD123"商品标签,委托裕豪食品饮料有限公司按照其提供的配方和技术标准,将水和其他辅料加入"果味香精CD123",制成"咔哇氿"饮料。后王飞将"咔哇氿"饮料出售给总经销商四川玩道酒业有限公司,由该公司销往深圳、贵阳、广州等地的娱乐场所,各级经销商亦自行销售。至2017年8月,王飞购买γ-丁内酯共计3575千克,裕豪食品饮料有限公司收到"果味香精CD123"共计1853千克,王飞销售"咔哇氿"饮料共计52355件(24瓶/件,275ml/瓶),销售金额11587040元。

2017年9月9日,公安人员将被告人王飞抓获,从其家中及陆柒捌公司租用的仓库查获"咔哇氿"饮料共计723件25瓶。各地亦陆续召回"咔哇氿"饮料18505件。经鉴定,从裕豪食品饮料有限公司提供的"果味香精CD123"、在王飞家中和仓库查获的以及召回的"咔哇氿"饮料中检出含量为80.3ug/ml至44000ug/ml不等的γ-羟丁酸成分。

（二）裁判结果

本案由四川省成都市青羊区人民法院一审，成都市中级人民法院二审。

法院认为，被告人王飞制造毒品 γ－羟丁酸并销售，其行为已构成贩卖、制造毒品罪。王飞明知使用 γ－丁内酯作为生产原料会产生毒品 γ－羟丁酸成分，购买并使用 γ－丁内酯调制成混合原料，委托他人采用其指定的工艺和配比，加工制成含有 γ－羟丁酸成分的饮料并对外销售，贩卖、制造毒品数量大，社会危害大。据此，依法对被告人王飞判处有期徒刑十五年，并处没收个人财产人民币四百二十七万元。

上述裁判已于 2020 年 9 月 28 日发生法律效力。

（三）典型意义

近年来，新型毒品犯罪呈上升趋势，与传统毒品犯罪相互交织。新型毒品形态各异，往往被伪装成饮料、饼干等形式，极具隐蔽性和迷惑性，易在青少年中传播。本案就是一起制造、贩卖新型毒品的典型案例。被告人王飞批量制造含有国家列管精神药品 γ－羟丁酸成分的饮料，大量销往全国多地娱乐场所，社会危害大。人民法院根据王飞的犯罪事实、性质、情节和对社会的危害程度，依法对其判处了刑罚。

案例 7

陈国龙等贩卖毒品、以危险方法危害公共安全案

——为抗拒缉毒警察抓捕，驾车肆意冲撞，危害公共安全

（一）基本案情

被告人陈国龙，男，苗族，1981 年 3 月 12 日出生，无业。2002 年

11 月 18 日至 2017 年 3 月 1 日因犯贩卖毒品罪、故意伤害罪、容留他人吸毒罪、非法持有毒品罪,先后六次被判处有期徒刑六个月至四年不等的刑罚,2018 年 12 月 31 日刑满释放。

被告人李镇,男,汉族,1986 年 2 月 18 日出生,无业。2013 年 5 月 20 日因犯抢劫罪被判处有期徒刑三年,并处罚金人民币一千元;2018 年 9 月 25 日因犯容留他人吸毒罪,被判处有期徒刑六个月,并处罚金人民币一千元,2018 年 12 月 12 日刑满释放。

2019 年 6 月至 7 月,被告人陈国龙四次向他人贩卖甲基苯丙胺 5 克、甲基苯丙胺片剂 17 颗。被告人李镇明知陈国龙贩卖毒品,仍两次驾车陪同陈国龙贩卖。

同年 7 月 22 日 12 时许,被告人陈国龙乘坐被告人李镇驾驶的车辆行至湖南省沅陵县沅陵镇某街道时,被前来抓捕的公安人员拦截。公安人员出示警官证,要求二人停车。陈国龙指挥李镇倒车逃避抓捕,与其后方的出租车相撞。公安人员上前制止,陈国龙、李镇拒绝停车,不顾周围群众安全多次冲撞,致 3 名公安人员轻微伤,并致一辆摩托车以及两户居民楼大门损坏,损失共计 3189 元。后公安人员抓获二人,当场从陈国龙身上查获甲基苯丙胺片剂 0.5 克,从其所乘车上查获甲基苯丙胺 0.2 克。

(二)裁判结果

本案由湖南省沅陵县人民法院审理。

法院认为,被告人陈国龙、李镇贩卖甲基苯丙胺、甲基苯丙胺片剂,其行为均已构成贩卖毒品罪;陈国龙、李镇为逃避抓捕,驾驶机动车在公共场所肆意冲撞,危害公共安全,其行为均又构成以危险方法危害公共安全罪。对二人所犯数罪,均应依法并罚。陈国龙在贩卖毒品、以危险方法危害公共安全共同犯罪中,均起主要作用,系主犯,李镇在贩卖毒品共同犯罪中系从犯,在以危险方法危害公共安全共同犯罪中系主犯,应按照二人所参与的犯罪处罚。陈国龙多次贩卖毒品,情节严重,且系累犯、毒品再犯,李镇系累犯,均应依法从重处罚。二人均如实供述犯罪事实,具有坦白情节,可从轻处罚。据此,依法对被告人陈国龙以贩卖毒品罪判处有期徒刑四年,并处罚金人民币五千元,以以危险方法危害公共安全罪判处有期徒刑三年,决定执行有期徒刑六年,并处罚金人民币五千元;对被告人李镇以贩卖毒品罪判处有期徒刑二年,并处罚金人民币二千元,以以危险方法危害公共安全罪判处有期徒刑三年,决定执行有期徒刑四年,并处罚金人民币二千元。

宣判后,在法定期限内没有上诉、抗诉。上述判决已于 2020 年 9 月 15 日发生法律效力。

(三)典型意义

一些毒品犯罪分子为逃避法律制裁,不惜铤而走险,暴力抗拒抓捕,既增加了缉毒工作风险,也严重威胁人民群众生命财产安全。本案就是一起毒贩为抗拒抓捕而驾车冲撞,危害公共安全的典型案例。被告人陈国龙、李镇为逃避制裁,在公共场所驾驶机动车肆意冲撞,造成多名缉毒民警受伤,多名群众受到惊吓、财产遭受损失,社会影响恶劣。人民法院依法对二人进行了惩处。

案例 8

马兆云等非法生产、买卖、运输制毒物品案

——非法生产、买卖、运输制毒物品,情节特别严重

(一)基本案情

被告人马兆云,男,汉族,1969 年 12 月 8 日出生,个体户。1992 年 9 月 5 日因犯盗窃罪被判处死刑,缓期二年执行,剥夺政治权利终身,2007 年 1 月 30 日被假释,假释考验期至 2008 年 6 月 20 日止。

被告人刘保安,男,汉族,1968 年 6 月 6 日出生,某公司法定代表人。2019 年 5 月 8 日因犯污染环境罪被判处有期徒刑九个月,并处罚金人民币一万元,2019 年 6 月 28 日刑满释放。

被告人胡文虎、周国珠,均系个体户;被告人李友龙、许步年、王德林、祁建刚,均无业。

2019年三四月份,被告人马兆云、胡文虎共谋出资生产制毒物品盐酸羟亚胺。马兆云委托被告人李友龙寻找场地并负责生产,聘请被告人许步年作为技术员指导生产,胡文虎负责提供生产工艺图纸。后李友龙租用山西省介休市一公司作为生产窝点,与许步年等人组织工人生产盐酸羟亚胺。同年12月,马兆云、胡文虎从被告人刘保安处购买易制毒化学品溴素5010千克及甲苯12000千克,运至上述窝点。马兆云等人生产盐酸羟亚胺共计2723.67千克,出售1470千克,其中,马兆云15次参与出售1470千克,胡文虎6次参与出售630千克,李友龙7次参与出售900千克,被告人周国珠4次参与出售615千克,被告人王德林4次参与出售300千克,被告人祁建刚2次参与出售100千克,马兆云、胡文虎、李友龙、周国珠、王德林还参与运输盐酸羟亚胺。

2020年6月15日,公安人员在江苏省建湖县马兆云岳父家查获马兆云、胡文虎藏匿的盐酸羟亚胺1253.67千克、含有羟亚胺和邻氯苯基环戊酮成分的固液混合物260.69千克。

(二)裁判结果

本案由江苏省盐城市亭湖区人民法院审理。

法院认为,被告人马兆云、胡文虎、李友龙非法生产、买卖、运输制毒物品,情节特别严重,其行为均已构成非法生产、买卖、运输制毒物品罪。被告人许步年非法生产制毒物品,情节特别严重,其行为已构成非法生产制毒物品罪。被告人周国珠、王德林非法买卖、运输制毒物品,情节特别严重,其行为均已构成非法买卖、运输制毒物品罪。被告人刘保安、祁建刚非法买卖制毒物品,情节特别严重,其行为均已构成非法买卖制毒物品罪。在共同犯罪中,马兆云、胡文虎、李友龙均系主犯,应按照其参与的全部犯罪处罚,许步年、周国珠、王德林、祁建刚系从犯,应依法从轻或者减轻处罚。刘保安系累犯,应依法从重处罚。八人均如实供述犯罪事实,可从轻处罚。除刘保安外,其余七人均退缴违法所得,可酌情从轻处罚。据此,依法对被告人马兆云判处有期徒刑十二年,并处罚金人民币一百万元;对被告人刘保安判处有期徒刑九年,并处罚金人民币四十万元;对被告人胡文虎、李友龙、许步年、周国珠、王德林、祁建刚分别判处有期徒刑十年六个月至五年不等的刑罚,并处罚金。

宣判后,在法定期限内没有上诉、抗诉。上述判决已于 2021 年 2 月 11 日发生法律效力。

(三)典型意义

近年来,受制造毒品犯罪增长影响,制毒物品流入非法渠道的形势十分严峻。本案就是一起非法生产、买卖、运输制毒物品的典型案例。溴素、甲苯可用于制造盐酸羟亚胺,盐酸羟亚胺可用于制造毒品氯胺酮,均是国家严格管控的易制毒化学品。根据《最高人民法院关于审理毒品犯罪案件适用法律若干问题的解释》第八条的规定,被告人马兆云等八人实施制毒物品犯罪均属情节特别严重,人民法院依法判处相应刑罚,体现了对源头性毒品犯罪的坚决惩处。

案例 9

林永伟强奸、引诱他人吸毒、容留他人吸毒案

——引诱留守女童吸毒后强行奸淫,依法严惩

(一)基本案情

被告人林永伟,男,汉族,1972 年 5 月 24 日出生,无业。1996 年 2 月 9 日因犯流氓罪被判处有期徒刑五年;2000 年 4 月 20 日因犯盗窃罪被判处有期徒刑三年,合并余刑,决定执行有期徒刑四年六个月。

2016 年上半年的一天,被告人林永伟将同村的被害人林某(女,时年 10 岁)带至家中,诱骗林某吸食甲基苯丙胺。林某吸食后感觉

不适,林永伟让林某躺到床上休息,后不顾林某反抗,强行对林某实施奸淫。林永伟威胁林某不许将此事告知家人,并要求林某每星期来其家一次。后林永伟多次叫林某来其家中吸食毒品,并与林某发生性关系。林某吸毒上瘾后,也多次主动找林永伟吸毒,并与林永伟发生性关系。2019年10月1日,林永伟被公安人员抓获。

另查明,2016年初至2019年6月,被告人林永伟多次在家中等地容留多人吸食甲基苯丙胺。

(二)裁判结果

本案由湖南省邵阳市中级人民法院一审,湖南省高级人民法院二审。

法院认为,被告人林永伟引诱他人吸食甲基苯丙胺,其行为已构成引诱他人吸毒罪;林永伟利用幼女吸毒后无力反抗及毒品上瘾,与之发生性关系,其行为又构成强奸罪;林永伟多次容留他人吸食甲基苯丙胺,其行为还构成容留他人吸毒罪。林永伟引诱幼女吸毒,并长期奸淫幼女,情节恶劣,应依法从重处罚。对其所犯数罪,应依法并罚。据此,对被告人林永伟以强奸罪判处无期徒刑,剥夺政治权利终身;以引诱他人吸毒罪判处有期徒刑三年,并处罚金人民币一万元;以容留他人吸毒罪判处有期徒刑二年,并处罚金人民币一万元,决定执行无期徒刑,剥夺政治权利终身,并处罚金人民币二万元。

上述裁判已于2021年1月21日发生法律效力。

(三)典型意义

成瘾性是毒品最基本的特征。吸食者一旦产生依赖,容易遭受侵害。尤其是未成年人,心智发育尚不成熟,自我保护能力欠缺,更易遭受毒品危害。本案就是一起引诱留守女童吸食毒品后实施强奸犯罪的典型案例。被告人林永伟引诱年仅10岁的幼女吸食甲基苯丙胺并成瘾,以此长期控制、奸淫幼女,还多次容留他人吸毒,社会危害大。人民法院依法判处林永伟无期徒刑,体现了对侵害未成年人犯罪予以严惩的坚定立场。

案例 10

沈立功故意杀人、容留他人吸毒案

——因吸毒致幻杀害亲属,依法惩处

(一)基本案情

被告人沈立功,男,汉族,1973 年 3 月 4 日出生,高校教师。

2018 年以来,被告人沈立功因吸食大麻导致精神障碍,由妻子赵宝玲(被害人,殁年 40 岁)照顾。其间,沈立功仍吸食大麻。2019 年 12 月 13 日傍晚,沈立功在其住处因吸食大麻产生幻觉,持羊角锤等工具击打赵宝玲的头部,致赵严重颅脑损伤死亡。沈立功毁坏赵宝玲尸体后,以割腕、跳楼等方式自杀未果。同月 16 日 11 时许,沈立功在住处让他人帮忙报警,后被处警的公安人员控制。经鉴定,沈立功在作案期间患有精神活性物质所致精神障碍。

另查明,2016 年至 2019 年 11 月,被告人沈立功多次容留多人在其住处吸食大麻。

(二)裁判结果

本案由浙江省杭州市中级人民法院一审,浙江省高级人民法院二审。

法院认为,被告人沈立功在吸食毒品致精神障碍的情况下将妻子杀害,其行为已构成故意杀人罪;沈立功提供场所容留他人吸毒,其行为又构成容留他人吸毒罪。鉴于沈立功杀人后委托他人代为投案,归案后如实供述杀人事实,并主动供述公安机关尚未掌握的容留他人吸毒事实,具有自首情节,可从轻处罚。对其所犯数罪,应依法并罚。据此,对被告人沈立功以故意杀人罪判处死刑,缓期二年执行,剥夺政治权利终身;以容留他人吸毒罪判处有期徒刑二年,并处罚金人民币五千元,决定执行死刑,缓期二年执行,剥夺政治权利终身,并处罚金人民币五千元。

上述裁判已于 2021 年 3 月 30 日发生法律效力。

(三)典型意义

吸毒会引发神经系统损害,甚至会造成精神障碍和精神疾病,不仅损害身心健康,还易导致行为失控,诱发杀人、伤害、交通肇事等次生犯罪。本案就是一起被告人因吸毒致幻,杀害亲属的典型案例。被告人沈立功因长期吸毒导致精神障碍,多次就医后仍继续吸毒,其吸毒行为具有违法性和自陷性。沈立功杀死妻子并毁坏尸体,犯罪手段残忍,罪行严重,还多次容留多人吸毒,但同时具有自首情节。人民法院根据沈立功犯罪的事实、性质、情节和对社会的危害程度,依法判处其死刑,缓期二年执行,体现了对吸毒诱发次生暴力犯罪的严惩立场。

最高人民法院发布2020年十大毒品(涉毒)犯罪典型案例

(2020年6月23日)

案例1

吴筹、吴海柱贩卖、运输、制造毒品案

——纠集多人制造、运输、贩卖毒品
数量特别巨大,罪行极其严重

(一)基本案情

被告人吴筹,男,汉族,1972年8月17日出生,农民。

被告人吴海柱,男,汉族,1964 年 10 月 23 日出生,农民。

2015 年 11 月,被告人吴筹、吴海柱与吴某甲(在逃)、张伟健(同案被告人,已判刑)等在广东省陆丰市预谋共同出资制造甲基苯丙胺(冰毒),吴某甲纠集陈江彬、吴佳瑞(均系同案被告人,已判刑)参与。后吴筹等人租下广东省四会市的一处厂房作为制毒工场,并将制毒原料、工人从陆丰市运到该处,开始制造甲基苯丙胺。

同年 12 月 5 日凌晨,被告人吴筹、吴海柱和吴某甲指使张伟健、陈江彬驾车将制出的 24 箱甲基苯丙胺运往高速公路入口处,将车交给吴佳瑞开往广东省惠来县。吴海柱、陈江彬与吴筹、吴某甲分别驾车在前探路。后吴海柱指使吴佳瑞在惠来县隆江镇卸下 7 箱毒品交给他人贩卖,另转移 4 箱毒品到自己车上。吴佳瑞将车开到陆丰市甲子镇,吴某乙(另案处理)取走该车上剩余的 13 箱毒品用于贩卖。

同月 10 日,被告人吴筹经与吴某甲、吴某乙等密谋后,由张伟健从制毒工场装载 7 箱甲基苯丙胺前往广东省东莞市,将毒品交给吴某乙联系的买家派来的接货人刘某某、张某某(均另案处理)。次日零时许,刘、张二人驾车行至广州市被截获,公安人员当场从车内查获上述 7 箱甲基苯丙胺,共约 192 千克。

同月 10 日左右,被告人吴海柱在陆丰市甲子镇经林宗庭(同案被告人,已判刑)介绍,与纪某某(在逃)商定交易 550 千克甲基苯丙胺,并收取定金港币 20 万元。同月 16 日 22 时许,吴海柱、林宗庭、纪某某等在广东省肇庆市经“验货”确定交易后,陈江彬驾驶纪某某的车到制毒工场装载甲基苯丙胺,后将车停放在肇庆市某酒店停车场。次日凌晨,公安人员在四会市某高速公路桥底处抓获吴筹等人,在制毒工场抓获吴海柱等人。公安人员在上述酒店停车场纪某某的车内查获 15 箱甲基苯丙胺,在制毒工场的汽车内查获 6 箱和 3 编织袋甲基苯丙胺,上述甲基苯丙胺共约 830 千克。公安人员另在制毒工场内查获约 882 千克含甲基苯丙胺成分的灰白色固液混合物及若干制毒原料、制毒工具。

(二)裁判结果

本案由广东省肇庆市中级人民法院一审,广东省高级人民法院二审。最高人民法院对本案进行了死刑复核。

法院认为,被告人吴筹、吴海柱伙同他人制造甲基苯丙胺,并将制出的毒品予以运输、贩卖,其行为均已构成贩卖、运输、制造毒品罪。吴筹、吴海柱纠集多人制造、运输、贩卖毒品,数量特别巨大,社会危害极大,罪行极其严重。在共同犯罪中,二被告人均系罪责最为突出的主犯,应当按照其所组织、指挥和参与的全部犯罪处罚。据此,依法对被告人吴筹、吴海柱均判处并核准死刑,剥夺政治权利终身,并处没收个人全部财产。

罪犯吴筹、吴海柱已于2020年6月15日被依法执行死刑。

(三)典型意义

近年来,我国面临境外毒品渗透和国内制毒犯罪蔓延的双重压力,特别是制造毒品犯罪形势严峻,在个别地区尤为突出。本案就是一起大量制造甲基苯丙胺后予以运输、贩卖的典型案例。被告人吴筹、吴海柱纠集多人参与犯罪,在选定的制毒工场制出毒品后组织运输、联系贩卖,形成"产供销一条龙"式犯罪链条。吴筹、吴海柱犯罪所涉毒品数量特别巨大,仅查获的甲基苯丙胺成品即达1吨多,另查获800余千克毒品半成品,还有大量毒品已流入社会,社会危害极大,罪行极其严重。人民法院依法对二人均判处死刑,体现了对制造毒品类源头性犯罪的严惩立场。

案例 2

周新林运输毒品案

——伙同他人运输毒品数量特别巨大，
且系累犯，罪行极其严重

（一）基本案情

被告人周新林，男，汉族，1978 年 9 月 12 日出生，农民。2005 年 6 月 28 日因犯盗窃罪、非法持有枪支罪被判处有期徒刑十四年，并处罚金人民币十三万元，2012 年 10 月 30 日被假释，假释考验期至 2015 年 7 月 3 日止。

2015 年 7 月 12 日，被告人周新林与刘满生（同案被告人，已判刑）在云南省景洪市某小区租房用于藏匿毒品。同年 8 月，周新林经与毒品上家联系，伙同刘满生前往缅甸小勐拉“验货”，后二人两次驾驶事先专门购买的两辆汽车前往景洪市嘎洒镇附近接取毒品，运至上述租房藏匿。同月 10 日，公安人员在该租房内查获甲基苯丙胺片剂（俗称“麻古”）40490 克，并于次日抓获周、刘二人。

（二）裁判结果

本案由云南省保山市中级人民法院一审，云南省高级人民法院二审。最高人民法院对本案进行了死刑复核。

法院认为，被告人周新林非法运输甲基苯丙胺片剂，其行为已构成运输毒品罪。周新林纠集同案被告人刘满生共同购买运毒车辆、租用房屋，共同前往境外查验毒品并接取、藏匿毒品，单独与上家联系，系主犯，且在共同犯罪中罪责更大，应当按照其所参与的全部犯罪处罚。周新林运输毒品数量特别巨大，社会危害极大，罪行极其严重，且其曾因犯罪被判处有期徒刑以上刑罚，在假释考验期满的当月再犯应当判处有期徒刑以上刑罚之罪，系累犯，主观恶性深，人身危险性大，应依法从重处罚。据此，依法对被告人周新林判处并核准死刑,剥夺政治权利终身,并处没收个人全部财产。

罪犯周新林已于2020年4月21日被依法执行死刑。

(三)典型意义

西南地区临近"金三角",一直是我国严防境外毒品输入、渗透的重点地区,从云南走私毒品入境并往内地省份扩散是该地区毒品犯罪的重要方式,也是历来重点打击的源头性毒品犯罪。本案就是一起境外"验货"、境内运输并藏匿毒品的典型案例。被告人周新林伙同他人专门购车用于运毒、专门租房用于藏毒、出境查验毒品、联系上家接取毒品,涉案毒品数量特别巨大,且其曾因犯罪被判处重刑,假释期满后又迅即实施毒品犯罪,系累犯,主观恶性深,不堪改造。根据在案证据,周新林涉嫌为贩卖而运输毒品,这种情形不同于单纯受指使、雇用为他人运输毒品,量刑时应体现从严。

案例3

刘勇等贩卖、制造毒品案

——制造、贩卖芬太尼等多种新型毒品,依法严惩

(一)基本案情

被告人刘勇,男,汉族,1978年11月5日出生,公司经营者。

被告人蒋菊华,女,汉族,1964年9月14日出生,微商。

被告人王凤玺,男,汉族,1983年2月2日出生,公司经营者。

被告人夏增玺,男,汉族,1975年5月10日出生,公司经营者。

被告人杨行,男,汉族,1989年10月12日出生,无业。

被告人杨江萃、张军红、梁丁丁、于森,均系被告人王凤玺、夏增玺经营公司的业务员。

2017年5月,被告人刘勇、蒋菊华共谋由刘勇制造芬太尼等毒品,由蒋菊华联系客户贩卖,后蒋菊华为刘勇提供部分资金。同年10

月,蒋菊华向被告人王凤玺销售刘勇制造的芬太尼285.08克。同年12月5日,公安人员抓获刘勇,后从刘勇在江苏省常州市租用的实验室查获芬太尼5017.8克、去甲西泮3383.16克、地西泮41.9克、阿普唑仑5012.96克等毒品及制毒设备、原料,从刘勇位于上海市的租住处查获芬太尼6554.6克及其他化学品、原料。

2016年11月以来,被告人王凤玺、夏增玺成立公司并招聘被告人杨江萃、张军红、梁丁丁、于淼等人为业务员,通过互联网发布信息贩卖毒品。王凤玺先后从被告人蒋菊华处购买前述285.08克芬太尼,从被告人杨行处购买阿普唑仑991.2克,并从其他地方购买呋喃芬太尼等毒品。案发后,公安机关查获王凤玺拟通过快递寄给买家的芬太尼211.69克、呋喃芬太尼25.3克、阿普唑仑991.2克;从杨江萃处查获王凤玺存放的芬太尼73.39克、呋喃芬太尼14.23克、4－氯甲卡西酮8.33克、3,4－亚甲二氧基乙卡西酮1 920.12克;从杨行住处查获阿普唑仑6 717.4克。

(二)裁判结果

本案由河北省邢台市中级人民法院一审,河北省高级人民法院二审。

法院认为,被告人刘勇、蒋菊华共谋制造芬太尼等毒品并贩卖,其行为均已构成贩卖、制造毒品罪。被告人王凤玺、夏增玺、杨行、杨江萃、张军红、梁丁丁、于淼明知是毒品而贩卖或帮助贩卖,其行为均已构成贩卖毒品罪。刘勇、蒋菊华制造、贩卖芬太尼等毒品数量大,且在共同犯罪中均系主犯。刘勇所犯罪行极其严重,根据其犯罪的事实、性质和具体情节,对其判处死刑,缓期二年执行,剥夺政治权利终身,并处没收个人全部财产;蒋菊华作用相对小于刘勇,对其判处无期徒刑,剥夺政治权利终身,并处没收个人全部财产。王凤玺、夏增玺共同贩卖芬太尼等毒品数量大,王凤玺系主犯,但具有如实供述、立功情节,对其判处无期徒刑,剥夺政治权利终身,并处没收个人全部财产;夏增玺系从犯,对其判处有期徒刑十年,并处罚金人民币十万元。杨行贩卖少量毒品,对其判处有期徒刑二年,并处罚金人民币六万元。杨江萃、张军红、梁丁丁、于森参与少量毒品犯罪,且均系从犯,对四人分别判处有期徒刑一年八个月、一年六个月、一年四个月、六个月,并处罚金。

上述裁判已于2020年6月17日发生法律效力。

(三)典型意义

芬太尼类物质滥用当前正成为国际社会面临的新毒品问题,此类犯罪在我国也有所发生。为防范芬太尼类物质犯罪发展蔓延,国家相关部门在以往明确管控25种芬太尼类物质的基础上,又于2019年5月1日将芬太尼类物质列入《非药用类麻醉药品和精神药品管制品种增补目录》进行整类列管。本案系国内第一起有影响的芬太尼类物质犯罪案件,涉及芬太尼、呋喃芬太尼、阿普唑仑、去甲西泮、4-氯甲卡西酮、3,4-亚甲二氧基乙卡西酮等多种新型毒品,部分属于新精神活性物质。人民法院根据涉案毒品的种类、数量、危害和被告人刘勇、蒋菊华、王凤玺、夏增玺犯罪的具体情节,依法对四人从严惩处,特别是对刘勇判处死刑缓期执行,充分体现了对此类犯罪的有力惩处。

案例4

祝浩走私、运输毒品案

——通过手机网络接受他人雇用,走私、运输毒品数量大

(一)基本案情

被告人祝浩,男,汉族,1996年5月5日出生,无业。

2018年12月,被告人祝浩因欠外债使用手机上网求职,在搜索到"送货"可以获得高额报酬的信息后,主动联系对方并同意"送货"。后祝浩按照对方安排,从四川省成都市经云南省昆明市来到云南省

孟连傣族拉祜族佤族自治县，乘坐充气皮艇偷渡出境抵达缅甸。

2019 年 1 月下旬，被告人祝浩从对方接取一个拉杆箱，在对方安排下回到国内，经多次换乘交通工具返回昆明市，并乘坐 G286 次列车前往山东省济南市。同月 27 日 18 时许，公安人员在列车上抓获祝浩，当场从其携带的拉杆箱底部夹层内查获海洛因 2 包，净重 2063.99 克。

（二）裁判结果

本案由济南铁路运输中级法院一审，山东省高级人民法院二审。

法院认为，被告人祝浩将毒品从缅甸携带至我国境内并进行运输，其行为已构成走私、运输毒品罪。祝浩对接受雇用后偷渡到缅甸等待一月之久、仅携带一个装有衣物的拉杆箱即可获取高额报酬、途中多次更换交通工具、大多选择行走山路等行为不能作出合理解释，毒品又系从其携带的拉杆箱夹层中查获，可以认定其明知是毒品而走私、运输。祝浩实施犯罪所涉毒品数量大，鉴于其系接受他人雇用走私、运输毒品，且具有初犯、偶犯等酌予从宽处罚情节，可从轻处罚。据此，依法对被告人祝浩判处无期徒刑，剥夺政治权利终身，并处没收个人全部财产。

上述裁判已于 2020 年 3 月 19 日发生法律效力。

（三）典型意义

毒品犯罪分子为逃避处罚，以高额回报为诱饵，通过网络招募无案底的年轻人从境外将毒品运回内地，此类案件近年来时有发生，已成为我国毒品犯罪的一个新动向。本案就是一起典型的无案底年轻人通过手机网络接受他人雇用走私、运输毒品的案例。被告人祝浩为获取高额报酬，在网络上接受他人雇用走私、运输毒品，犯下严重罪行。祝浩归案后辩解其不知晓携带的拉杆箱内藏有毒品，与在案证据证实的情况不符。人民法院根据祝浩犯罪的事实、性质和具体情节，依法对其判处无期徒刑，体现了对毒品犯罪的严惩。

案例5

卞晨晨等贩卖毒品、非法利用信息网络案

——非法种植、贩卖大麻,非法利用网络论坛发布种植大麻等信息

(一)基本案情

被告人卞晨晨,男,汉族,1995年2月20日出生,学生。

被告人卞士磊,男,汉族,1970年9月20日出生,务工人员。

2017年冬天,被告人卞晨晨提供大麻种子给其父被告人卞士磊,卞士磊遂在其工厂宿舍及家中进行种植。自2018年1月起,卞晨晨通过微信向他人贩卖大麻,后经与卞士磊合谋,由卞晨晨联系贩卖并收款,卞士磊将成熟的大麻风干固化成大麻叶成品后通过快递寄给买家。至同年10月,卞晨晨贩卖大麻至少18次共计294克,获利13530元,其中卞士磊参与贩卖至少11次共计241克。案发后,公安人员在卞士磊处查获大麻植株12株、大麻叶16根。

另查明,"园丁丁"是一个从事大麻种植经验交流、大麻种子及成品买卖、传授反侦查手段等非法活动的网络论坛。被告人卞晨晨于2015年1月7日注册账号"白振业"加入"园丁丁"论坛,系该论坛版主,负责管理内部教程板块,共发布有关大麻知识及种植技术的主题帖19个,回帖交流大麻种植技术164次。

(二)裁判结果

本案由浙江省诸暨市人民法院审理。

法院认为,被告人卞晨晨、卞士磊明知大麻是毒品而种植、贩卖,其行为均已构成贩卖毒品罪。卞晨晨、卞士磊多次贩卖大麻,属情节严重,且二人系共同犯罪,应当按照各自参与的全部犯罪处罚。卞晨晨利用信息网络发布涉毒品违法犯罪信息,情节严重,其行为又构成非法利用信息网络罪。卞晨晨、卞士磊归案后均能如实供述犯罪事

实,且认罪认罚,可从轻处罚。对卞晨晨所犯数罪,应依法并罚。据此,依法对被告人卞晨晨以贩卖毒品罪判处有期徒刑四年,并处罚金人民币二万五千元,以非法利用信息网络罪判处有期徒刑一年四个月,并处罚金人民币五千元,决定执行有期徒刑四年九个月,并处罚金人民币三万元;对被告人卞士磊以贩卖毒品罪判处有期徒刑三年九个月,并处罚金人民币二万五千元。

宣判后,在法定期限内没有上诉、抗诉,上述裁判已于 2019 年 10 月 29 日发生法律效力。

(三)典型意义

随着信息化时代的到来,各类网络平台、自媒体等发展迅速,在社会生活中扮演十分重要的角色。同时,一些违法犯罪分子利用网络平台便于隐匿身份、信息传播迅速、不受地域限制等特点,创建或经营管理非法论坛、直播平台等,实施涉毒品违法犯罪活动。本案就是一起被告人种植、贩卖大麻并利用非法论坛发布相关违法犯罪信息的案例。被告人卞晨晨指使其父卞士磊种植大麻,二人配合进行贩卖,卞晨晨还长期管理传播种植大麻方法、贩卖成品大麻的非法论坛,同时犯两罪。人民法院依法对二被告人判处了相应刑罚。

案例 6

刘彦铄贩卖毒品案

——国家工作人员实施毒品犯罪,依法严惩

(一)基本案情

被告人刘彦铄,男,汉族,1985 年 9 月 15 日出生,江苏省灌云县林牧业执法大队职工。

2019 年八九月的一天晚上,被告人刘彦铄在江苏省灌云县伊山镇王圩村卖给王东明甲基苯丙胺(冰毒)约 0.5 克。同年 10 月,刘彦铄又在该县老供电公司门口卖给周雷甲基苯丙胺约0.3克。

(二)裁判结果

本案由江苏省灌云县人民法院审理。

法院认为,被告人刘彦铄明知是毒品而进行贩卖,其行为已构成贩卖毒品罪。刘彦铄身为国家工作人员贩卖少量毒品,属情节严重。鉴于其有如实供述、认罪认罚等情节,可从轻处罚。据此,对被告人刘彦铄判处有期徒刑三年,并处罚金人民币一万元。

宣判后,在法定期限内没有上诉、抗诉,上述裁判已于2020年3月28日发生法律效力。

(三)典型意义

国家工作人员本应更加自觉地抵制毒品,积极与毒品违法犯罪作斗争,但近年来出现了一些国家工作人员涉足毒品违法犯罪的情况,造成了不良社会影响。本案被告人刘彦铄系灌云县自然资源和规划局下属事业单位职工,具有国家工作人员身份,根据《最高人民法院关于审理毒品犯罪案件适用法律若干问题的解释》第四条的规定,其属贩卖少量毒品"情节严重"。人民法院对刘彦铄依法判处三年有期徒刑,体现了对此类犯罪的严惩。

案例7

邹火生引诱他人吸毒、盗窃案

——引诱他人吸毒并唆使他人共同盗窃,依法惩处

(一)基本案情

被告人邹火生,男,汉族,1987年10月9日出生,农民。

被告人邹火生系广东省化州市某村村民,意图引诱同村村民邹某某(另案处理)一起吸毒。2018年9月的一天,邹火生向邹某某借款购买海洛因后,当晚来到邹某某家,称吸食海洛因可消除邹某某腿

部术后疼痛。邹某某表示其不会吸毒,邹火生便将海洛因放在锡纸上加热,让邹某某吸食烤出的烟雾。此后,邹某某遇腿部疼痛时便让邹火生购买海洛因一起吸食。

同年11月的一天晚上,被告人邹火生和邹某某毒瘾发作,但无钱购买毒品。经邹火生提议,二人潜入同村一村民家窃得一台液晶电视机。次日,邹火生将电视机销赃得款400元,用其中100元购买海洛因,与邹某某一起吸食。

(二)裁判结果

本案由广东省化州市人民法院审理。

法院认为,被告人邹火生引诱他人吸食毒品,其行为已构成引诱他人吸毒罪;邹火生以非法占有为目的,伙同他人入户盗窃财物,其行为又构成盗窃罪。鉴于邹火生如实供述自己的罪行,并当庭认罪悔罪,可从轻处罚。对邹火生所犯数罪,应依法并罚。据此,对邹火生以引诱他人吸毒罪判处有期徒刑一年二个月,并处罚金人民币二千元;以盗窃罪判处有期徒刑七个月,并处罚金人民币一千元,决定执行有期徒刑一年六个月,并处罚金人民币三千元。

宣判后,在法定期限内没有上诉、抗诉,上述裁判已于2019年4月30日发生法律效力。

(三)典型意义

吸毒成瘾不仅损害身体健康,高额的支出也会造成经济困境,诱使吸毒者实施盗抢等侵财犯罪。我国刑法对引诱、教唆、欺骗他人吸毒罪没有设置数量、情节等入罪条件,故实施此类行为的一般均应追究刑事责任。本案就是一起引诱他人吸毒后又共同实施侵财犯罪的典型案例。被告人邹火生以吸毒可以消除病痛为由引诱同村村民吸食海洛因,为购买毒品又唆使其共同入户盗窃财物,较为突出地体现了吸毒诱发犯罪的危害。人民法院根据邹火生犯罪的事实、性质和具体情节,依法对其判处了刑罚。

案例8

陈德胜容留他人吸毒案

——容留多名未成年人吸毒,依法严惩

(一)基本案情

被告人陈德胜,男,土家族,1999年9月14日出生,在校学生。

2018年5月12日晚,被告人陈德胜为给女朋友黄某某(未成年人)庆祝生日,在湖北省荆州市荆州区一音乐会所的房间内容留张某某、林某某及14名未成年人吸食氯胺酮(俗称"K粉")。当日22时许,公安人员在该房间将陈德胜、黄某某及上述16名吸毒人员查获。经尿检,陈德胜及16名吸毒人员的检测结果均为氯胺酮阳性。

另查明,2017年12月18日被告人陈德胜受他人邀约参加聚众斗殴犯罪。

(二)裁判结果

本案由湖北省荆州市荆州区人民法院审理。

法院认为,被告人陈德胜容留多名未成年人吸食毒品,其行为已构成容留他人吸毒罪,并应从重处罚;陈德胜积极参加聚众斗殴,其行为又构成聚众斗殴罪。对其所犯数罪,应依法并罚。据此,依法对被告人陈德胜以容留他人吸毒罪判处有期徒刑三年,并处罚金人民币一万元;以聚众斗殴罪判处有期徒刑三年,决定执行有期徒刑五年六个月,并处罚金人民币一万元。

宣判后,在法定期限内没有上诉、抗诉,上述裁判已于2019年8月3日发生法律效力。

(三)典型意义

毒品具有成瘾性,一旦沾染,极易造成身体和心理的双重依赖。近年来我国容留他人吸毒案件发案率较高,吸毒人员低龄化特点也较突出。未成年人心智尚未成熟,更易遭受毒品侵害。本案是一起容留多名未成年人吸毒的典型案例。被告人陈德胜系在校学生，为女朋友庆祝生日时容留前来聚会的多名未成年人一同吸毒，已从单纯的毒品滥用者转变为毒品犯罪实施者。人民法院根据陈德胜犯罪的事实、性质和具体情节，依法从严判处刑罚。

案例9

吕晓春等非法生产、买卖制毒物品案

——非法买卖溴代苯丙酮、生产麻黄素，情节特别严重

（一）基本案情

被告人吕晓春，男，汉族，1968年2月24日出生，无业。2008年1月10日因犯贩卖毒品罪被判处有期徒刑十五年，并处罚金人民币十万元，2015年7月6日刑满释放。

被告人高俊成，男，汉族，1981年12月2日出生，务工人员。2014年6月30日因犯运输、制造毒品罪被判处有期徒刑一年六个月，并处罚金人民币一万元，同年11月23日刑满释放。

被告人郑颖，男，汉族，1982年5月25日出生，农民。2003年11月11日因犯抢劫罪被判处有期徒刑六年，并处罚金人民币二千元。

2017年3月，被告人吕晓春为生产麻黄素，通过网络联系被告人郑颖购买1－苯基－2－溴－1－丙酮（俗称溴代苯丙酮）200千克。后吕晓春雇用被告人高俊成参与生产，并购买制毒工具和其他原材料。2018年1月20日，公安人员在山东省青岛市市北区永乐路93号将吕晓春、高俊成抓获，并在该处查获麻黄素5.65千克、含有麻黄素的液体104.65千克及其他化学制剂。后郑颖被抓获归案。

（二）裁判结果

本案由山东省青岛市市北区人民法院一审，山东省青岛市中级人民法院二审。

法院认为,被告人吕晓春非法购买、生产用于制造毒品的原料,情节特别严重,其行为已构成非法生产、买卖制毒物品罪;被告人高俊成非法生产用于制造毒品的原料,情节特别严重,其行为已构成非法生产制毒物品罪;被告人郑颖非法出售用于制造毒品的原料,情节特别严重,其行为已构成非法买卖制毒物品罪。吕晓春、高俊成在共同犯罪中均系主犯,且均系累犯、毒品再犯,应依法从重处罚。三人均如实供述主要犯罪事实,酌予从轻处罚。据此,依法对被告人吕晓春判处有期徒刑十年六个月,并处罚金人民币三万元;对被告人高俊成判处有期徒刑九年六个月,并处罚金人民币二万元;对被告人郑颖判处有期徒刑八年六个月,并处罚金人民币二万元。

上述裁判已于2019年7月3日发生法律效力。

(三)典型意义

受多种因素影响,当前我国制毒物品违法犯罪问题较为突出。本案是一起比较典型的非法生产、买卖制毒物品的案例。溴代苯丙酮是合成麻黄素的重要原料,而麻黄素可用于制造毒品甲基苯丙胺,二者都是国家严格管控的易制毒化学品。根据《最高人民法院关于审理毒品犯罪案件适用法律若干问题的解释》第八条的规定,被告人吕晓春、高俊成、郑颖三人实施制毒物品犯罪均属情节特别严重,人民法院依法判处相应刑罚,体现了对此类毒品犯罪的坚决惩处。

案例10

张伟故意杀人案

——有长期吸毒史,杀死无辜儿童,罪行极其严重

(一)基本案情

被告人张伟,男,汉族,1989年7月16日出生,湖南省新邵县市场监督管理局职工。

被告人张伟自2012年开始吸毒，曾多次被戒毒和送医治疗。2016年12月21日16时许，张伟驾车经过湖南省新邵县酿溪镇雷家坳村财兴路地段时，见王某某（被害人，男，殁年7岁）背着书包在路边行走，遂将其骗上车。当日21时许，张伟驾车来到新邵县坪上镇坪新村一偏僻公路上，停车后将熟睡的王某某抱下车，持菜刀连续切割、砍击王的颈部，致王颈部离断死亡。张伟将王某某的头部和躯干分别丢进附近草丛后逃离现场。

（二）裁判结果

本案由湖南省邵阳市中级人民法院一审，湖南省高级人民法院二审。最高人民法院对本案进行了死刑复核。

法院认为，被告人张伟故意非法剥夺他人生命，其行为已构成故意杀人罪。张伟杀害无辜儿童，犯罪手段残忍，情节特别恶劣，罪行极其严重，应依法惩处。据此，依法对被告人张伟判处并核准死刑，剥夺政治权利终身。

罪犯张伟已于2020年6月17日被依法执行死刑。

（三）典型意义

吸毒行为具有违法性和自陷性。医学研究表明，长期吸毒可能对人体的大脑中枢神经造成不可逆的损伤。对于因吸毒导致精神障碍的，一般不作为从宽处罚的理由。本案就是一起被告人长期吸食毒品致精神障碍，杀害无辜儿童的典型案例。被告人张伟明知吸毒后会出现幻觉等精神异常，且曾多次被戒毒、送医，却仍继续长期吸毒。张伟诱骗独行的7岁儿童，并将其杀害，致其尸首分离，犯罪手段残忍，情节特别恶劣，罪行极其严重。人民法院依法判处张伟死刑，体现了对吸毒诱发的严重暴力犯罪的严惩。